"CACTUS"
série dirigée par Martina Wachendorff

MILAD

Titre original :
Milad

ISBN 2-7427-1857-5

RAFIK SCHAMI

HISTOIRE DE
MILAD
QUI PARTIT POUR MANGER A SA FAIM
PENDANT VINGT ET UN JOURS

roman traduit de l'allemand
par Nicole Casanova

ACTES SUD
HUBERT NYSSEN EDITEUR

Comment une histoire dissipa d'abord mon chagrin et m'en causa ensuite

Damas mérite toujours d'être aimée sans partage, sauf en été aux environs de midi. Le soleil calcine tout. Et la ville, à qui ses parfums et ses jardins valurent d'être appelée le paradis sur terre, devient au milieu du jour un enfer puant l'asphalte et le diesel.

Alors, les Damascènes se réfugient à l'ombre de leurs maisons et boutiques, parce qu'ils sont fous amoureux de leur ville et ne veulent pas voir ses côtés hideux. Seules les poules et les touristes arpentent encore les rues de leur plein gré au pire de la canicule.

Un jour, entre midi et une heure, après un cours sur les fondements de la chimie physique, j'allais en titubant, à demi assommé par la chaleur, de l'université située dans le nouveau quartier de la ville jusqu'à la station d'autobus de la ligne 7 qui passait devant la porte de ma maison. Très vite, j'eus le palais râpeux et ma chemise collait à ma peau dégoulinante de sueur. Comme un mirage, la station d'autobus reculait de plus en plus loin à l'horizon des rues où tremblait l'air chaud.

Soudain, j'aperçus un autobus de la ligne 5 qui allait lui aussi dans le quartier chrétien. La prochaine station de cette ligne était certes à deux kilomètres de chez nous, mais l'autobus était vide ! Je pensai d'abord que le soleil avait lésé les cellules de mon cerveau et que j'étais victime d'hallucinations diaboliques. Mais l'autobus était réellement vide !

A un tournant en épingle à cheveu, le chauffeur dut réduire sa vitesse. Alors je me précipitai. En ce temps-là, les autobus roulaient encore portières ouvertes. Un bus vide – je n'avais jamais vu cela à Damas depuis mon enfance ! Un de mes amis m'a raconté un jour qu'il montait dans tous les autobus vides, sans se soucier de leur direction. Rien que pour la beauté de l'expérience, pour avoir une fois dans sa vie le choix entre tant de places libres.

Le chauffeur répondit par un rire à mon regard émerveillé : "Je fais ma première tournée. Le bus était au garage, à deux pas d'ici."

Dès la station suivante, le bus fut bondé, et une station plus loin, une vieille femme replète se fraya habilement un passage dans la foule et me frappa sur l'épaule : "Dieu bénisse ton excellente santé, jeune homme", dit-elle, ce qui signifiait : Lève-toi ! J'ai besoin de la place.

"Volontiers, grand-mère !" fis-je hypocritement, et je me glissai entre deux usagers dans le couloir. Le petit homme devant moi, âgé d'environ quarante ans, exhalait en suant un curieux mélange d'ammoniaque et de vinaigre. Derrière moi, un sexagénaire répandait à chaque souffle une puanteur de viande pourrie. Le temps d'arriver enfin à la station la plus proche de notre ruelle, j'avais vieilli de un an au moins et jurais comme toujours : "Plus jamais d'autobus !" – tout en sachant que je violerais mon serment dès le lendemain.

Même les chiens faméliques sur la grande place poussiéreuse de Bab Touma préféraient l'ombre parcimonieuse projetée par les murs des maisons, et renonçaient à chercher leur nourriture sous ce soleil impitoyable. La poussière semblait crisser dans la chaleur torride. Autrefois, il y avait ici une ruelle ombragée, avec de petites maisons enchevêtrées et un vieux bain de vapeur turc, mais elle avait péri depuis longtemps, victime d'un plan d'urbanisme insensé. Une magnifique place d'armes aurait dû la remplacer, mais quand on eut tout rasé, l'argent manqua pour rebâtir. La ruelle avait disparu, les maisons restantes étaient mutilées, les façades endommagées.

Devant elles, presque invisibles dans la mi-obscurité, quelques vendeurs de boissons lançaient leur message séducteur dans l'air brûlant.

Pour aller de Bab Touma à Bab Charki où j'habitais, il fallait un quart d'heure. A l'ombre des maisons, c'était à peu près supportable.

Quand j'atteignis le dernier carrefour avant notre ruelle, j'aperçus un groupe de gens à l'entrée d'une des maisons. Des femmes et des enfants entouraient une forme qui gisait sur le sol. Je m'approchai avec curiosité, mais avec l'âme tranquille de celui qui sait tout près de là la fraîche cour intérieure de son logis. Cent mètres me séparaient encore de notre porte.

L'homme étendu par terre était Milad. Au premier instant, j'ai failli ne pas le reconnaître. Les restes d'un pantalon le vêtaient sommairement, les manches de sa chemise étaient arrachées. "Emmène-moi à Maaloula", l'entendis-je supplier à voix basse en araméen. Aucun des passants ne comprenait ses paroles. Une femme passa la tête à la fenêtre juste au moment où je me penchais sur lui. "Il est déjà là depuis des heures et il parle si bizarrement. C'est sans doute un Kurde, cria-t-elle.

— Non, il est de Maaloula", répondis-je. Milad me regarda, l'air soulagé : "Dieu te bénisse, jeune homme. C'est ma fée qui t'a envoyé. Aide-moi à aller jusqu'à la station d'autobus qui mène à Maaloula. Elle est près de l'hôpital français."

J'eus peur de faire ce qu'il me demandait. Il était si faible, je me disais avec angoisse qu'il ne supporterait jamais le chemin. Avec un homme qui se trouvait là, j'aidai Milad à se remettre sur ses jambes et je l'emmenai chez moi. Nous fûmes très étonnés en constatant que le vieil homme embaumait fortement le jasmin, bien qu'à son aspect on eût dit que sa peau n'avait pas vu d'eau depuis des mois.

Milad était très malade. Il reconnut certes ma mère et sourit brièvement, mais ne prononça pas un mot. Quand ma mère voulut lui passer des sous-vêtements propres et un pyjama, elle fut épouvantée à l'aspect des blessures dont ses jambes étaient parsemées. C'étaient des brûlures purulentes. Elle m'envoya vite chercher le médecin. Le Dr Baladi vint et nettoya les blessures, banda les jambes et lui donna des vitamines et des antibiotiques.

"L'homme a été torturé", chuchota le Dr Baladi à ma mère au moment de s'en aller.

La vie de Milad était pour moi une énigme. Quand j'étais enfant, je l'apercevais parfois, en été quand nous allions à Maaloula, dans les montagnes. Il avait toujours été petit et émacié, mais sa démarche révélait de la force. C'était surtout sa grosse tête qui m'avait frappé, elle n'allait pas très bien sur les épaules étroites.

Quand il apparaissait à Maaloula, il se hâtait de traverser plusieurs fois la grande place du village, comme s'il voulait signaler sa présence, puis il s'asseyait sur un rocher à l'entrée du village et attendait que les enfants se groupent autour de lui. Ce n'était jamais bien long. Une rumeur courait de ruelle en ruelle : "Milad est là, Milad est là !" Et les enfants abandonnaient leurs billes et n'écoutaient plus les avertissements de leurs parents. Tout ce qu'ils voulaient, c'était voir Milad. Mieux encore, ils voulaient le regarder et l'entendre, car il racontait des histoires, faisait des grimaces et se pavanait en marchant comme Charlie Chaplin, si bien que les enfants déchaînés hurlaient d'enthousiasme. Il parlait plusieurs langues, même si les adultes prétendaient qu'il ne faisait que bafouiller n'importe quoi. Pourtant, je pus constater plus tard qu'il maîtrisait effectivement à la perfection le français et l'anglais.

Ses représentations duraient souvent jusqu'à deux heures. Les enfants applaudissaient, il s'inclinait en trébuchant comme un clown, puis il disparaissait sans bruit du village. Quand j'étais enfant, je ne savais pas grand-chose de Milad, mais comme tous les petits de Maaloula je l'aimais bien. J'avais entendu les adultes raconter les histoires les plus folles à son sujet. Tantôt, c'était un homme qui pouvait réciter par cœur toute la Bible et tout le Coran, tantôt un maître de la magie noire. Les hommes riaient de lui, mais les femmes avaient une peur étrange de sa colère. Ma tante Selma, la sœur aînée de ma mère, très superstitieuse, croyait même qu'il avait fait un pacte avec le diable. Ce qui était sûr, c'était que Milad retournait toujours passer un moment dans une petite grotte, pour disparaître ensuite assez longtemps sans laisser de trace. La tante se signait trois fois quand la conversation tombait sur lui. J'adorais lui faire peur en parlant de Milad. "Je voudrais vivre comme Milad et sentir le jasmin comme lui", chuchotais-je à mon frère chaque fois qu'elle était en visite chez nous, et déjà la pauvre femme s'écriait épouvantée : "Sainte Marie, éloigne le malheur de cette maison."

Ma mère, au contraire, était persuadée que Milad était un pauvre hère. Un jour où elle se moquait des craintes de la tante, celle-ci jura que la belle-sœur de sa sœur avait vu de ses yeux Milad – furieux du jugement qui avait frappé une prostituée – transformer le juge Abdelkarim en âne, dans la salle même du tribunal.

"*Transformer !* s'exclama ma mère en riant. Abdelkarim est un âne et un fils d'âne, pas besoin de le transformer." Elle exhala librement toute son aversion envers le juge, car trois ans auparavant il avait envoyé le frère de ma mère pour un mois derrière les barreaux, à cause d'une vétille.

Ma tante ne se laissa pas égarer par les commentaires de ses auditeurs. Elle se pencha, plissa le front et fronça les sourcils pour rendre crédible ce qu'elle allait dire, puis elle chuchota à ma mère : "Et sais-tu pourquoi il sent le jasmin ? C'est grâce à une fée qui danse nue avec lui dans sa grotte. Mon beau-frère jure sur la sainte croix qu'il s'est un jour faufilé derrière Milad sans être vu. A demi mort de peur, il a observé Milad en train de danser nu avec une fée et ensuite – Dieu sauve mon âme – de l'aimer. Mon beau-frère a eu si peur que depuis ce jour ses cheveux sont blancs comme neige."

Couché sur le sofa, je faisais semblant de dormir. Quand tante Selma eut fini, je me levai et courus aussitôt chez deux de mes amis pour leur demander s'ils voulaient venir avec moi débusquer Milad dans sa grotte. Quand, la fois suivante, il donna à Maaloula sa représentation et revint ensuite à sa grotte difficilement accessible, nous grimpâmes derrière lui. Nous risquions notre vie dans l'aventure, mais nous ne pûmes rien découvrir hormis de vieux journaux, des mégots de cigarettes et une cruche d'argile. La cruche attira notre attention. Elle était non seulement toute neuve, mais pleine d'une eau fraîche qui sentait fortement le jasmin. Naturellement, cette cruche ne représentait pas une merveille suffisante à nos yeux. Nous allions redescendre quand nous entendîmes soudain un rire de femme. Nous eûmes peur à en mourir. Le rire devint de plus en plus fort et démoniaque. Nous nous regardâmes en silence et redescendîmes à toute allure.

Il y avait plusieurs années de cela, mais Milad m'avait toujours fasciné. Je le voyais assez souvent, de loin, mais plus j'approchais de l'âge adulte, moins il avait envie de me parler. Quand il apparaissait à Maaloula, il ne s'entourait que d'enfants.

Et voilà que cet être mystérieux était à présent hébergé chez nous. Nous lui aménageâmes une petite pièce et le soignâmes jusqu'à ce qu'il fût de nouveau en bonne santé. Mais nous avions l'impression qu'il avait perdu pour toujours l'usage de la parole, car pendant toute une semaine il ne prononça pas un mot. Même quand le médecin lui posait une question, Milad ne répondait pas. J'avais le sentiment qu'une grande peur paralysait sa langue ; peut-être lui posions-nous trop de questions sur ses blessures et les noms de ceux qui l'avaient ainsi arrangé. A la fin, ma mère nous ordonna de le laisser en paix.

Pourtant, tante Mariam lui rendit visite, et au bout d'un moment nous les entendîmes tous les deux rire aux éclats. La vieille veuve connaissait Milad depuis plus de cinquante ans. Quand ils se mirent à chanter, même ma mère fut surprise, car tante Mariam n'allait jamais que de noir vêtue et portait le deuil de son mari, un magicien. Et voilà que tout à coup elle chantait des chansons d'amour en araméen, et peu après s'éleva aussi la voix de Milad. Il chanta d'abord en hésitant et d'une voix cassée, mais ensuite à pleine gorge et harmonieusement.

Quand la tante sortit de la chambre des heures après, elle chuchota à ma mère : "Deux sales types des services secrets l'ont torturé pendant une semaine. Que Dieu leur brise les os des mains. Ils le prenaient pour un espion d'Israël particulièrement rusé, qui avait ravi le cœur des enfants avec ses folies et découvrait ainsi les secrets des parents. Que Dieu punisse ces criminels. Ils l'ont torturé jusqu'à ce qu'il perde connaissance, et comme il ne revenait pas à lui, même avec de l'eau froide, ils l'ont tenu pour mort et l'ont jeté sur la décharge d'ordures devant la ville. Là, une chienne l'a léché jusqu'à ce qu'il reprenne ses sens. Elle avait plus de cœur que ces fils de pute."

Ma mère s'énervait quelque peu lorsque les voisins et parents, qui surgissaient soudain chez nous en nombre accru, exprimaient tout de suite après le café le souhait pressant de voir Milad. "Il n'en est pas question, répliquait-elle, aimable mais stricte. L'homme est malade à la mort et a besoin de repos. Ce n'est pas un animal exotique que l'on peut regarder bouche bée."

Seule, tante Mariam avait le droit de le voir aussi souvent qu'elle le voulait, et elle venait chaque matin et s'entretenait pendant des heures avec lui. Milad avait connu dans sa jeunesse le magicien de la tante. Et tante Mariam ne se lassait jamais de parler de son défunt mari.

Et un jour, Milad entra dans ma chambre, s'assit et sourit. "Vous avez de nouveau recousu tous mes morceaux, soyez remerciés."

Ma mère, qui revenait de faire ses courses, rit en le voyant chez moi.

"Eh bien, veux-tu déjà repartir vers ta grotte ?" demanda-t-elle. Milad se tourna vers elle. "Oui, bientôt", répondit-il.

C'est en ce jour de juin 1966 que je lui demandai de me raconter la véritable histoire de son étrange vie.

"Qu'est-ce que je puis raconter, vieil homme que je suis, à un jeune savant. Ce n'est qu'un rêve", dit-il, en se faisant prier.

Eh bien, j'étais à cette époque le meilleur auditeur du monde. Pour de solides raisons : les vacances d'été commençaient justement, et j'étais plongé dans une triple crise. Ma première année à la faculté de chimie avait détruit mon rêve naïf de l'alchimiste chercheur, dans les mains duquel le pétrole visqueux devait se changer en un remède miracle contre la régression, la faim et la détresse.

Université et lycées fermaient leurs portes à la fin juin. Mes parents restaient encore à Damas jusqu'à la mi-juillet, puis ils se réfugiaient à Maaloula, dans la fraîcheur des montagnes. Je devais rester en ville, car en juillet et août je voulais travailler dans le magasin d'un marchand de textiles, afin de gagner un peu d'argent pour mes études.

En outre, mon violent amour pour Hanan, l'une des plus belles femmes du quartier, m'avait valu un cruel échec quelques semaines plus tôt. Un grisonnant capitaine de vaisseau avait aperçu la fougueuse beauté et accablé ses parents de cadeaux, jusqu'à ce que leur fermeté chancelât : eux, qui quelques semaines plus tôt m'appelaient encore en plaisantant mais de bon cœur, leur "gendre", donnèrent au gris sexagénaire leur fille, qui avait tout au plus vingt ans et commençait à étudier la médecine pour guérir l'Arabie.

Quand nous nous rencontrâmes secrètement une dernière fois, je lui donnai un long poème d'amour que j'avais écrit pour elle. Elle le trouva beau et répéta, couchée nue entre mes bras, les premiers vers : un pommier étendait sur elle une branche, et à la place de sa poitrine, deux pommes naissaient parmi les fleurs.

Deux jours plus tard, je revins dans la nuit. J'avais rendu visite à un oncle malade d'un cancer ; nous, ses parents, nous allions tout le temps le voir pour jouer aux cartes avec lui et lui raconter des histoires, afin de lui faciliter ses adieux à la terre.

Je pris un raccourci par d'étroites ruelles sombres, sifflai, réjoui, une chanson populaire, et irritai en passant quelques chats qui cherchaient pitance dans les poubelles.

Soudain, j'entendis dans un coin sombre quelqu'un qui récitait mon poème du pommier et des fleurs. Mon sang se figea dans mes veines. Je ne parvenais absolument pas à comprendre comment l'on pouvait, dans cet endroit perdu, réciter ce poème que j'avais confié deux jours plus tôt à un seul être au monde. Détail épouvantable, c'était à présent une voix d'homme qui le disait. Je restai comme enraciné sur place et regardai dans la direction d'où venait la voix. Le faible cône de lumière qui tombait d'un réverbère mourait devant mes pieds, et le coin éloigné restait plongé dans l'ombre. Une fois encore, la voix masculine récita mon poème, et le souffle me manqua. Un rire derrière moi me tira de ma torpeur. Un petit homme me barrait le chemin de ma maison, et en même temps le second, le récitant, émergeait lui aussi de l'angle noir.

"Tu as séduit une jeune fille avec ce poème, et nous n'aimons pas cela, dit-il. Aussi allons-nous te donner une leçon d'amour que tu n'oublieras pas." Il tira de sa veste un grand couteau. Je me ruai sur l'autre qui me barrait le chemin. Il était un peu plus petit et non armé. Mais il résista à mon assaut et m'envoya un coup qui me fit saigner du nez. Je criai à l'aide, et cela sauva mon visage d'une opération esthétique pire encore. Un habitant de la maison devant laquelle nous nous battions remarqua la scène et surgit comme l'éclair – armé d'un bâton. Un géant en sous-vêtements. "Fils de putes, cria-t-il, deux contre un, c'est lâche." Les deux hommes furent totalement surpris. Après quelques instants et plusieurs coups vigoureux, ils disparurent.

"Pourquoi ces deux hommes voulaient-ils te battre ?" demanda le colosse. C'était un tableau grotesque. Il se tenait demi-nu sur le seuil de sa porte. L'ampoule jaunâtre de l'unique réverbère projetait sa faible lumière dans la ruelle. Je restais assis sur le sol.

"A cause d'un poème d'amour que j'ai écrit pour une femme, dis-je en riant de cette situation absurde.

— Mon Dieu, dit l'homme, en quelle folle époque vivons-nous, deux coquins attaquent un pauvre garçon pour une histoire de fleurs de pommier !" L'homme disparut sans autre adieu derrière sa porte. Je me hâtai de rentrer chez moi.

Plus tard, j'appris par Hanan qu'elle avait caché le poème sous son oreiller, son frère l'avait trouvé et avait averti le capitaine, qui mandata ensuite les deux sbires.

Damas, la plus belle ville de l'Orient, se changeait alors de plus en plus pour moi en un piège de tristesse. Nuit après nuit, je me demandais s'il y avait quelque part en ce monde un pauvre diable plus malheureux que moi. Milad, qui avait atterri chez nous de manière si inattendue, semblait enfin en être un. Voilà pourquoi j'étais aussi curieux de son histoire. J'espérais trouver, grâce à son récit, consolation et espérance. Et dès ses premiers mots, je sentis qu'une lumière vacillante s'allumait dans mon âme. Dès lors, je n'eus plus qu'une envie : entendre la suite de son histoire.

Chaque nuit, il racontait, et vers le matin il s'interrompait à un endroit palpitant et disait : "Maintenant, je suis fatigué, je continuerai demain." Il ignorait mes protestations, bâillait largement, se levait et allait se coucher. Jusqu'à aujourd'hui, je me rappelle la faim étrange qui s'emparait de moi après ses récits.

Huit nuits durant, il m'a raconté son histoire. Il avait alors presque soixante-dix ans et s'arrêtait sans cesse, comme si ses mots étaient un trop lourd fardeau pour son corps. Quand il dormait, j'écrivais tout.

Au bout de vingt et un jours exactement, Milad nous quitta un matin, peu après le petit déjeuner, et il ne revint jamais. J'aurais pu m'en douter, car le nombre vingt et un déterminait sa vie. Mais je dois avouer que je considérais alors son histoire comme un conte bien venu, et que je ne la prenais pas vraiment au sérieux.

Quoi qu'il en fût – je me faisais du souci pour lui. Ma mère riait. "N'aie pas peur, Milad a sept vies comme les chats. L'ange de la mort se cassera encore les dents sur lui", dit-elle en partant pour Maaloula avec mes frères et sœurs. J'espérais que Milad resurgirait brusquement un soir, mais il avait vraiment disparu sans laisser de traces.

Son histoire me plaisait. Toutefois, j'étais sceptique. Je me demandais si un autre aussi la trouverait bonne. Je l'écrivis au propre et donnai aux chapitres des titres qui seyaient aux différentes étapes de l'aventure. Quand j'eus terminé mon travail, je le montrai à deux amis qui me conseillèrent de le proposer sur-le-champ à un éditeur, connu pour aimer le risque. J'hésitai longtemps, et enfin, durant l'été 1968, deux ans après la disparition de Milad, je me mis en chemin avec le manuscrit.

A peine avais-je demandé si l'éditeur était là, que déjà la secrétaire tentait de m'envoyer promener. Elle faisait du crochet, assise sous le grand portrait du chef de l'Etat, et mâchait son chewing-gum comme si c'était du gigot d'agneau. "Est-ce qu'on se roule souvent des pelles dans ton roman ? demanda-t-elle sans lever les yeux.

— Souvent, non, mais il y a un chapitre où l'on fait bien plus que rouler des pelles." J'avais honte de parler devant elle d'un bordel.

"Est-ce qu'on flingue des gangsters ?" Comme je dus répondre par la négative, elle haussa les épaules.

Et alors je crus que ma chance allait tourner, car l'éditeur apparut brusquement à sa porte et me regarda. "Viens", dit-il en pensant à autre chose, et il rentra dans son bureau. Quand je lui remis le manuscrit, il le feuilleta comme le fait le guichetier d'une banque avec une liasse de billets de cent livres.

"Cent pages, remarqua-t-il ironiquement, c'est censé être un roman, un conte ou un récit ?

— Je ne sais pas, c'est l'histoire d'un homme qui a de la patience et revient toujours dans une grotte, répondis-je d'une voix mal assurée.

— Y a-t-il trouvé un trésor ? demanda-t-il en riant.

— Oui, un trésor extraordinaire, fis-je pour l'appâter.

— C'est impossible. S'il avait réellement trouvé un trésor, il aurait gardé le secret et n'aurait pas écrit un livre. Où est-il, ton veinard ? demanda-t-il en souriant.

— Il a disparu depuis deux ans. C'est cela qui est étrange. Il ne cesse pas de disparaître." Je me sentais mal à l'aise.

"Qu'y a-t-il là d'étrange ? Chaque jour des gens fichent le camp. L'un à cause de ses créanciers, l'autre à cause de sa femme, et pourquoi le troisième disparaît, on n'en sait rien.

— Milad n'est pas marié, il n'a pas de dettes et on ne le recherche pas non plus. Mais il revient toujours dans sa grotte…

— Et qu'y trouve-t-il ? Une inspiration ? m'interrompit l'éditeur d'un ton venimeux.

— Non, il revient dans sa grotte pour vivre son rêve avec une fée, répondis-je.

— Oh ! mon garçon ! Qui donc s'intéressera à cette histoire ? Les gens veulent un polar palpitant ou une joyeuse histoire d'amour, mais non ce genre de salades."

Je ne sais toujours pas d'où m'est venu mon courage, mais soudain tout me fut indifférent.

"Si l'on veut, on peut très bien se distraire avec cette histoire. Il y a même un chapitre qui se passe dans un bordel." L'homme se figea.

"Un bordel ? Tu parles sérieusement ? Je suis éditeur et non suicidaire. Les fanatiques religieux renverseront le gouvernement, s'ils ne nous pendent pas tout de suite par les couilles, toi et moi, après un tel livre. Non, mes auteurs savent allumer le public sans se mettre en danger, eux et moi avec. Il faut ruser. Comme au cinéma. Le tueur entre dans le bar, s'appuie au comptoir et dans tous les pays du monde il demande du whisky, en Arabie seulement c'est du thé. Ainsi, le film est autorisé même en Arabie Saoudite, et pourtant chacun sait que le barman ne verse pas du thé avec sa bouteille de whisky et que personne ne s'envoie ainsi du thé au fond du gosier, ni ne s'essuie ensuite la bouche avec sa manche. Chacun sait parfaitement que l'on n'est pas ivre après trois tasses de thé, mais justement, tout l'art est là. On sait tout cela, mais la traduction dit : Donne-moi du thé ! Les fondamentalistes n'ont rien à objecter. Il n'est écrit nulle part qu'il est interdit de s'enivrer avec du thé. Tu n'es encore qu'un blanc-bec. Tu dois apprendre que sexe, religion et politique forment un triangle interdit que les auteurs raisonnables craignent et évitent, s'ils veulent vivre longtemps."

Après quoi l'homme gras et suant me poussa presque impoliment vers la porte et la ferma derrière moi sans un mot d'adieu. Le bordel avait visiblement éprouvé ses nerfs.

Plein d'amertume, je revins chez moi avec mon manuscrit et le jetai dans un coin en jurant.

Au nom de la justice, je dois avouer que la peur manifestée par l'éditeur n'était ni feinte ni exagérée. Bientôt après, les fanatiques soulevèrent effectivement une tempête quand un auteur osa émettre une critique timide envers la religion. On lui fit un procès, de même qu'à son éditeur. Un autre ne reçut pas de déclaration d'amour, mais trois coups de couteau, quand il compara les rondeurs du sein de son adorée anonyme avec deux grenades dansant au vent devant sa fenêtre à la branche qui les portait. Le rédacteur en chef fut limogé et le poète quitta le pays. Quand j'entendis cela, je ne pus m'empêcher de penser au récitant de mon poème et à son couteau.

L'histoire de Milad devint mon grand chagrin. Je ne cessais de cacher le manuscrit pour l'oublier, mais il resurgissait sans cesse dans mon champ de vision et déplorait ma résignation. Je continuai donc à essayer, mais les autres éditeurs ne réagissaient pas plus favorablement que le premier.

J'avais presque oublié le manuscrit, quand un ami me signala un nouvel éditeur. "Il est révolutionnaire et aime les livres anticonformistes", me révéla-t-il d'un air entendu. En effet ! Il n'y avait pas de bureau d'accueil et pas de secrétaire, rien qu'un homme dans la trentaine qui dès son premier bonjour m'appela "camarade". Je me sentis soulagé en entrant dans son vaste bureau. Au mur, le visage familier de Che Guevara rayonnait de résolution. "Nous avons été obligés de pendre aussi Son Excellence", me dit le jeune éditeur de bonne famille en clignant de l'œil, pour excuser le portrait du chef de l'Etat accroché auprès du Che.

Il prit le cahier et regarda longuement le titre. Son visage s'assombrissait de plus en plus et mes genoux faiblissaient. Enfin, après un quart d'heure, il feuilleta, lut un peu, secoua la tête et continua à feuilleter. Au bout d'une heure environ, il referma le cahier d'un coup sec et sombra de nouveau dans des mondes lointains. Mon cœur battait dans ma gorge, j'attendais trois cents fois "oui" et tout autant de "non".

“Ton écriture manuscrite est belle, camarade, on rencontre rarement d’aussi habiles calligraphes parmi les jeunes gens. Mais je me demande si tu comprends dans quel combat nous sommes engagés, nous et la patrie ? Si les lecteurs ne peuvent pas s’identifier avec le héros, à quoi peut servir le livre ? Hein ? A faire passer le temps ? Ton héros est décadent. Tout ce qu’il désire, c’est manger à sa faim. Et si j’ai bien compris le titre du chapitre six, il a appris toute sa morale dans un bordel. Son unique et véritable amour est une putain. Corrige-moi, camarade, si j’ai tort. Ton héros aime une putain ! Et lui, quel misérable chien pelé ! Rien ne lui est sacré quand il s’agit d’atteindre son but. Et tout cela pourquoi ? Pour en arriver à faire le clown ! Tu comprends, camarade ?” Comme je restais pétrifié, il continua : “Je te le demande, camarade, ton héros a-t-il seulement défendu une seule pierre de notre patrie ? Tiré un seul coup de fusil sur les colonialistes ? Non ! C’est une honte !

— Il n’a pas défendu des pierres, mais Maaloula, répliquai-je en colère, et pour autant que je sache Maaloula est au milieu de notre pays. En outre, Milad a patiemment défendu son rêve et lutté contre la faim.

— Contre la faim ! Qu’est-ce que la faim d’un homme en comparaison avec la faim de liberté que ressentent les peuples ? Et pourquoi combat-il, quand il n’a plus faim ?

— Tu le lui demanderas à lui-même. Il a disparu, mais qu’est-ce que cela veut dire ? Il est bien trop vieux pour aller au combat, répondis-je en lui tenant tête.

— Personne n’est trop vieux pour aller au combat, camarade. Et si tu me demandes quel est mon plus grand malheur, alors je te dirai : mes pieds plats. Je ne suis pas bon pour le service. Mes parents, des petits-bourgeois, se réjouissent parce que je ne suis pas obligé de faire mon service militaire, mais c'est le pire des malheurs, de naître avec des pieds plats à Damas, le cœur de l'Arabie !"

L'éditeur fulmina tout seul un moment encore, mais je n'écoutais plus. Un quart d'heure plus tard, je me levai, pris le manuscrit et rentrai chez moi.

Après ce refus, qui eut lieu durant l'été 1968, je n'ai plus essayé de proposer le livre à un éditeur.

Dix-neuf ans plus tard, en été 1987, je publiai
une partie de l'histoire, c'était le chapitre
final de mon livre *Contes de Maaloula*.
Quel ne fut pas mon bonheur en cet
instant : trente ans après avoir été
rédigée, l'histoire de Milad,
invraisemblable mais vraie,
va paraître *in extenso*.

Rafik Schami,
été 1997

★

Je dois avouer à mon grand regret que je n'ai
pas inventé cette histoire. Je l'ai seulement
transcrite. Le vrai conteur ne sait
même pas que son histoire
est devenue un livre.

Rafik Schami,
Damas
1968

PREMIÈRE NUIT

Pourquoi Milad dut quitter son village

La sage-femme savait déjà que mon père était l'homme le plus lent du monde. Rien que pour sortir du ventre de sa mère, il lui fallut deux semaines. Et ce ne fut pas un hasard s'il devint tailleur de pierre. Tout autre travail allait trop vite pour lui. Mais sa lenteur lui fut quand même fatale. Il avait beau se donner toute la peine possible, les gens n'étaient pas contents de lui. Ils le trouvaient tout simplement trop lent. Peu leur importait qu'il aimât les pierres auxquelles il donnait forme avec son ciseau. Au lieu de l'en estimer, ils se moquaient de lui. "Avec Jacob, tu dois commander ta pierre tombale le jour de ta naissance, alors elle sera peut-être finie dix ans après ta mort." La famille mourait de faim et ma mère priait son mari de travailler plus vite, avant que la faim devînt une bête féroce. Hélas, la lenteur coulait dans les veines de mon père ; dans le village, on ne l'appelait plus Jacob, mais la Tortue. Ma mère en était fâchée, pourtant ce nom plaisait à mon père car il aimait beaucoup les tortues. Pour lui, c'étaient des créatures magiques, des pierres auxquelles l'amour avait prêté des pattes pour qu'elles pussent rejoindre leurs bien-aimés. Et il croyait que seule la peur, la pire ennemie de l'amour, pourrait changer à nouveau les tortues en pierres.

Des premières années que j'ai passées auprès de mes parents, je ne sais plus grand-chose, hormis que je jouais dehors et que j'avais toujours faim. Et qu'à l'âge de cinq ou six ans je tombai amoureux pour l'éternité d'une pâle fillette appelée Naime. Je lui rendais quotidiennement visite et je jouais avec elle. Un jour, j'étais assis à côté d'elle dans l'escalier. C'était l'hiver, le soleil brillait et Naime m'offrit un morceau de son pain. Je refusai, malgré ma faim, car, avant de m'autoriser à jouer avec Naime, sa mère m'avait fait jurer sur tout ce que j'avais de plus sacré de ne jamais manger la part de pain et de fruits de Naime. Naime mangeait alors très peu et très lentement. Elle était généreuse et moi, comme tous les enfants, j'étais glouton. Ce jour-là, je refusai le pain au nom de l'amour, je la regardai et dis : "Je..." Je n'allai pas plus loin, car soudain un gros chien noir surgit au pied de l'escalier et aboya terriblement vers nous. Les mots "... t'aime" me restèrent dans la gorge. Naime épouvantée rentra en courant dans sa maison et claqua la porte derrière elle. Je restai pétrifié sur les marches, jusqu'à ce que le propriétaire du monstre, un berger du voisinage, rappelât son chien. Ensuite, je n'osai plus pendant un moment m'approcher de la maison de Naime. Quand je m'y risquai enfin, Naime n'était plus là. Ses parents étaient partis pour Beyrouth.

Bien, bien plus tard, je rencontrai Naime par hasard à Damas, et en moins de deux nous étions assis dans sa chambre, côte à côte, comme si aucun chien n'avait aboyé, comme si vingt années ne s'étaient pas écoulées. Mais de cela, je te parlerai plus tard.

Je te l'ai dit, ma famille mourait de faim, et quand on faisait cuire quelque chose, c'était du gruau avec deux cuillerées d'huile d'olive rance. Une bouillie écœurante. La faim, comme ma mère l'avait redouté, devint une bête féroce et dévora d'abord la passion, puis l'amour de mes parents. Toutefois, comme la plupart des malchanceux, mon père était incurablement persuadé qu'il trouverait un moyen d'échapper à la misère. Et une fois, le salut parut vraiment possible. Un Américain qui passait par là le regarda travailler et déclara, plein d'admiration, qu'en Amérique il mériterait le nom d'artiste. Et il parlait sérieusement, car un mois plus tard il envoya à mon père un billet de bateau pour l'Amérique et écrivit qu'une place de maître attendait mon père chez son frère, entrepreneur de bâtiment à New York.

Peu avant Noël, mon père fit sa valise pour émigrer en Amérique avec trois autres Maalouliens, mais le jour de leur départ Maaloula fut attaquée par une troupe de bandits, et un siège commença. Les trois autres gars se faufilèrent audehors avant que le village fût entièrement encerclé et, en passant par les montagnes, gagnèrent Beyrouth, d'où ils s'embarquèrent pour l'Amérique. Mais mon père dit qu'il ne pouvait pas abandonner le village en cette heure difficile. Au fond, il resta parce qu'il se faisait du souci pour ma mère, car, malgré la faim, l'adieu menaçant avait ranimé le feu de l'amour que l'on croyait mort. Mon père déclara qu'il n'aurait pas une minute de repos à New York s'il abandonnait maintenant sa femme à son destin. Il voulait rester jusqu'à ce que les assiégeants fussent vaincus et chassés. Le billet de bateau n'était pas daté, il pouvait donc l'utiliser plus tard.

Je n'oublierai jamais le jour où il dit à ma mère qu'il lui fallait toujours un peu plus de temps, qu'il ne pouvait pas s'habituer aussi vite à fêter Noël sans elle, et qu'il allait rester. Tous les deux, ils pleurèrent de rire à ces mots qui convenaient aussi peu à leur situation, car ils n'avaient absolument rien pour faire la fête, rien que l'élan de leur seule vie.

Pour toi et pour les jeunes gens d'aujourd'hui, tout cela, et ce que je te dirai encore de Maaloula, aura l'air d'un conte, mais tu peux être sûr d'une chose : la vie répète les contes les plus cruels en tout temps et en tout lieu.

Au cours des siècles, Maaloula fut continuellement attaquée. Rien que jusqu'à la fin des années trente, j'ai vécu plus de sept grandes attaques. Pourquoi ? Le diable le sait. L'un des agresseurs voulait que nous ne croyions plus au Christ, l'autre, que nous ne parlions plus l'araméen, le troisième exigeait nos armes et nos chevaux, le quatrième toute notre récolte, le cinquième réclamait cent jeunes femmes, le sixième deux cents gars pour son armée. Et je suis sûr que chacun des attaquants voulait en fait anéantir Maaloula, mais il commençait par énoncer ses exigences dans la seule intention d'affaiblir notre volonté de résistance. “Pourquoi pas ? Donne-lui les chevaux, et qu'il nous laisse en paix”, disaient aussi quelques habitants du village. Mais, si de toute leur histoire, les Maalouliens n'avaient cédé qu'à un seul de ces chantages, Maaloula n'existerait plus aujourd'hui. Les agresseurs pouvaient arriver et repartir, encaisser des défaites et avec un peu de chance ils restaient quand même en vie. Mais Maaloula était condamnée à vaincre. Les Maalouliens ne devaient pas subir une seule défaite, car la première eût été la dernière : la mort à coup sûr.

Au cours du temps, les Maalouliens armèrent leur village et taillèrent dans les hauts rochers de vastes grottes qui offraient un abri aux enfants et aux vieilles gens à l'heure de la détresse ; un seul bon tireur suffisait à en défendre efficacement l'accès.

Je venais d'avoir quatorze ans quand commença la Première Guerre mondiale. En ce temps-là, le chaos régnait en Syrie. Chaque canaille, qui ne respectait ni vie ni mort, rassemblait autour de lui quelques hommes et se créait sa propre armée. Tous escomptaient le proche effondrement du grand Empire ottoman, et beaucoup voyaient venir l'instant de s'enrichir et d'étendre leur pouvoir. Quand éclata la révolte arabe en 1916, plus personne ne doutait que les maîtres qui dirigeaient depuis Istanbul, la centrale de l'Empire turc, n'en avaient plus pour longtemps. Cela provoqua l'entrée en lice d'un nombre encore plus grand d'aventuriers qui arpentaient le pays en tuant et volant.

Et comme les sauterelles venues du néant, les assaillants surgirent devant notre village juste avant Noël. L'attaque lancée sur Maaloula cet hiver-là, alors que mon père allait émigrer en Amérique, était menée par un officier du Nord. Il avait le projet ambitieux d'aller de village en village, d'exiger partout qu'on lui livrât les meilleurs hommes et leurs armements, et ensuite de marcher sur Damas pour prendre sa part dans la nouvelle distribution du pouvoir. Il avait déjà attaqué trente villages. Sa bande, qui en sortant de la caserne ne comptait que trente va-nu-pieds, avait grossi jusqu'à devenir une armée de trois mille hommes bien nourris et bien équipés. Il s'était lui-même nommé général.

Maaloula comptait alors, avec les enfants et les vieillards, tout au plus mille habitants. Les hommes qui pouvaient porter des armes n'étaient même pas deux cents. Chaque individu comptait, et maintenant tu peux sans doute comprendre pourquoi mon père ne quitta pas le village.

Quand ils virent approcher les troupes ennemies, les Maalouliens édifièrent des barricades et creusèrent trois longues tranchées à l'entrée du village. Les hommes les plus courageux furent désignés pour la défense en première ligne et prirent position dans les rochers tout autour du village.

On cacha femmes et enfants dans une vaste grotte, les vieux au fond de deux grottes plus petites dans l'un des rochers.

Quand les attaquants, venant du village voisin, Ain Tine, posèrent le pied sur le sol de Maaloula, ils furent reçus par une grêle de balles tombant des rochers. Le général stoppa sa marche pour préparer ses hommes à un dur combat. Il connaissait la réputation des Maalouliens, et, à la vue des énormes rochers qui entouraient et protégeaient le village, il comprit qu'il allait rencontrer de graves difficultés.

Il n'y avait alors ni hélicoptères ni fusées. Qui tenait les hauts rochers maîtrisait le ciel. Le général déploya son armée en un grand cercle autour de Maaloula, et cinq jours plus tard notre village était coupé du monde extérieur.

Tu ne peux pas imaginer quel cauchemar furent ces cinq jours. Un silence absolu. Les agresseurs se tenaient hors de portée des fusils, et les Maalouliens pris au piège observaient leurs ennemis qui se préparaient calmement, presque gaiement, au combat. Bientôt, les Maalouliens comprirent le plan diabolique du général. Le village encerclé allait être attaqué de tous les côtés à la fois, afin que les défenseurs n'aient jamais de repos et faiblissent bientôt en quelque endroit. Alors une troupe mobile donnerait l'assaut par cette brèche, pénétrerait dans le village et tomberait dans le dos des défenseurs. Le général disposait de toute une armée, si bien que ses hommes pouvaient se relayer et se reposer entre-temps. Non les Maalouliens.

Les hommes groupés autour du maire comprirent qu'il n'y avait qu'une seule chance : il fallait toucher la tête de la bande, le général. Mais comment ? Trois jeunes hommes de Maaloula risquèrent leur vie. Ils se glissèrent par un souterrain secret sous les assiégeants et arrivèrent au-delà d'Ain Tine, dans le camp des ennemis. Mais ils ne purent s'emparer du général. On entendait certes partout ses commandements et directives, mais les trois jeunes hommes ne purent jamais le voir. Deux d'entre eux furent découverts et tués, le troisième s'échappa et revint. Il raconta que le chef était entouré d'un grand respect et que quelques soldats parlaient de lui comme d'un saint.

Dans le silence glacial de ces nuits de décembre, je restais parfois devant le feu et je regardais les hommes qui buvaient leur thé en silence. Ils tendaient leurs mains tremblantes devant les flammes et les frottaient, joyeux de la chaleur, riant comme des enfants. Ils savaient qu'ils mourraient bientôt. Je ne pouvais plus supporter cette vue. Je courus vers l'église de Saint-Georgios. "Dieu, pourquoi nous ?" criai-je au ciel, et je ne pouvais plus arrêter de pleurer.

C'était Noël, la fête de la joie, et nous restions immobiles et gris de froid dans le silence hostile. Soudain, un garçon appelé Aptalla nous tira de notre torpeur. Nous devions, dit-il, aller prendre des bougies dans l'église et les donner aux gens, afin qu'ils puissent fêter Noël. Nous allâmes dans l'église, prîmes trois caisses de bois pleines de bougies et courûmes vers les grottes et les tranchées, les places et les coins. Et bientôt nous entendîmes venant des cavernes les chants des femmes et des enfants.

Le chantre du village, Chalil, était l'un des plus courageux et des plus téméraires. Il était au premier poste de garde, et quand je lui apportai sa bougie en rampant, il l'alluma en cachette dans son creux de rocher et fit ensuite retentir dans la nuit noire sa voix claire et profonde. Son chant se répercutait dans les rochers et donnait du courage à maints villageois.

Le lendemain de Noël, un émissaire du général apparut le matin, il annonça au maire que le monde entier était du côté des troupes assaillantes et que son général était entré en contact avec le légendaire Lawrence d'Arabie. Maaloula n'avait plus aucune chance. Les Maalouliens devaient se montrer aussi raisonnables que le village voisin, Ain Tine, qui avait pacifiquement remis à la troupe le double de ce qu'elle demandait. Oui, même les plus belles femmes du village s'étaient, dit-il, données au général. Son Excellence, le chef de l'armée victorieuse, connaît les richesses de Maaloula et estime la bravoure de ses hommes, aussi demande-t-il cent jeunes hommes, cinquante chevaux et deux cents sacs de blé avant trois jours, en échange le général leur laisserait la vie.

Le maire savait que les mots qu'il allait prononcer signifiaient la vie ou la mort et il tremblait d'émotion, de peur et de colère.

"Il est possible que ton chef soit puissant. Nous ne le contestons pas. Nous sommes de simples paysans, mais nous croyons que Dieu seul a pouvoir sur nos âmes et que Lui seul décide si nous devons rester en vie ou non. Dis à ton général que nous donnons toujours l'hospitalité à un étranger, mais des agresseurs n'ont rien à attendre de nous, que la mort."

Le maire fit demi-tour et ordonna à ses hommes de donner à boire et à manger à l'envoyé et de le laisser aller en paix, comme l'usage le prescrivait.

Un jour plus tard, les maudites troupes du général attaquèrent le village.

Avec cinq autres adolescents, j'étais chargé d'approvisionner les sentinelles des premières lignes en munitions, eau et vivres. Je vis plusieurs fois mon père, mais toujours brièvement. Avec dix autres hommes, il faisait des rondes pour repousser les assaillants qui tenteraient de se glisser derrière nos lignes de défense. Ils passaient au peigne fin les aires de battage, les jardins et les ruelles et combattaient avec acharnement chaque soldat qui essayait de pénétrer dans le village.

Un matin, mon père entendit un enfant pleurer dans une maison. Cela l'étonna, car tous les enfants devaient être dans les grottes. Il enfonça la porte verrouillée et trouva l'enfant assis auprès de sa mère morte. Les voisins, dans leur hâte, avaient oublié la femme malade. Mon père attendit qu'il fît noir, puis il porta l'enfant à la grande grotte dans les rochers. Il cria aux gens de descendre l'échelle, mais ils le prenaient pour un assaillant. Il fallut du temps avant que ma mère le reconnût enfin, et plus encore avant qu'elle pût convaincre les femmes anxieuses que l'homme était mon père. Ma mère me raconta plus tard qu'à force d'appels, de détresse et de peur, il s'était tellement enroué qu'elle-même, dans l'obscurité, douta que cette voix croassante appartînt réellement à son mari.

A la fin, elles descendirent l'échelle. L'aube pointait déjà. Mon père monta l'enfant aux femmes, mais quand il redescendit une balle ennemie le frappa dans le dos, et il tomba de l'échelle, la tête la première dans le gouffre. Ce matin-là, les assaillants intensifièrent leurs attaques, le feu et la mort pleuvaient du ciel. Personne n'osait sortir de sa cachette et se glisser vers mon père, en terrain découvert, pour le sauver. En deux endroits, les soldats ennemis brisèrent les lignes de défense, et les Maalouliens durent déployer toute leur force pour les refouler de nouveau, ruelle après ruelle. Avant qu'ils y aient réussi, la nuit était déjà tombée. Quand ma mère descendit enfin de la caverne avec deux autres femmes pour mettre mon père en sûreté, il avait disparu.

Cinq semaines plus tard, les Maalouliens étaient à bout de résistance, car le siège entourait le village d'un cercle impénétrable et tandis que les assaillants avaient des montagnes de munitions et de vivres, les réserves de Maaloula touchaient à leur fin. Si, les premiers jours, les Maalouliens avaient encore pu se procurer des vivres à Ain Tine en passant par le tunnel secret, quelqu'un trahit bientôt l'existence du souterrain qui fut détruit. La mort par famine menaçait.

Les sentinelles titubaient de fatigue comme des hommes ivres. Trois tentatives pour tuer le général échouèrent. Il était introuvable.

Une nuit, Chalil entendit dans le silence son ami Ali, d'Ain Tine, chanter des chansons aux soldats dans le camp ennemi. Ali était un bon chanteur et joueur de luth et souvent Chalil et lui avaient passé les nuits ensemble à des noces et chanté à l'envi pour le plaisir des invités. En cette seconde, Chalil, qui était de garde, eut l'idée salvatrice. Il se mit à chanter à pleine gorge afin d'être entendu au loin, jusque dans les rangs des assiégeants. La chanson parlait d'amitié et de fidélité dans la détresse.

Ali comprit le message, et alors s'éleva – indéchiffrable pour les ennemis – un chant alternatif, dans lequel Chalil demandait en termes voilés où le chef se tenait caché. Ali répondit par une chanson connue, qui parlait de la tristesse d'un amoureux abandonné. Le couplet décisif disait : "Je reste devant les ruines de mon amour détruit, qui était autrefois mon temple."

A Ain Tine même, il n'y avait pas de ruines, mais à cinq kilomètres plus au sud on trouvait les vestiges d'un grand temple grec.

La nuit même, dix hommes sous la direction de Chalil se glissèrent jusqu'au temple et tuèrent le général et trois de ses officiers dans leur cachette, une chambre souterraine sous l'autel.

Peu après le lever du soleil, les gardes découvrirent les cadavres. En apprenant la mort du chef, les hommes furent saisis de peur panique et nombre d'entre eux prirent la fuite. Le chaos engendra mille querelles au sujet du butin ; on ne savait plus si l'on devait rester ou partir. Deux neveux du chef tombèrent à bras raccourcis l'un sur l'autre, chacun d'eux rassembla ses partisans et voulut se proclamer le successeur du général assassiné. Avant même que le soleil fût à son zénith, éclatèrent les premiers coups de feu entre les rivaux.

A l'heure de midi, le maire de Maaloula rassembla tous ses hommes encore aptes au combat et leur donna l'ordre d'attaquer de toutes leurs forces les troupes ennemies. L'attaque cassa définitivement l'épine dorsale des bandits et mit fin au siège et au cauchemar.

Les femmes dans les grottes se mirent à pousser des cris de joie et à chanter des chansons joyeuses. Pourtant, elles se turent bientôt quand plusieurs d'entre elles apprirent que leurs hommes avaient perdu la vie.

Maaloula s'en était tirée une fois de plus, mais elle avait dû payer un prix élevé. De nombreuses maisons étaient en ruine, les champs étaient incendiés et les meilleurs hommes tombés.

De mon père, on ne trouva plus trace. Certains soupçonnèrent que les hyènes avaient dévoré son cadavre. D'autres disaient qu'il avait maudit le village et était parti pour l'Amérique avec sa balle dans le dos. Dieu seul sait où il était réellement passé.

Ma mère et moi, nous continuâmes à avoir faim comme avant. Bien qu'elle fût encore jeune et belle, personne ne voulait l'épouser. Pourquoi ? Il y a là une petite histoire. Dès l'âge de quatorze ans, ma mère fut convoitée par un homme appelé Habib, un être fougueux et écervelé. Habib était le fils unique d'une riche lignée qui avait été autrefois un clan puissant, mais qui à présent, à cause de la guerre et de l'émigration, comptait parmi les plus petites familles. Aussi le père de Habib n'espérait-il plus qu'une seule chose : que son unique rejeton se marie et engendre beaucoup d'enfants. Habib fit la cour à ma mère en employant tous les moyens dont dispose un jeune homme de riche maison. Mais elle redoutait les sautes d'humeur de son prétendant et plus encore la mère de celui-ci, qui avait le cœur dur. Refusé, son adorateur ne connut plus de bornes. Il l'épiait désormais partout, se glissait la nuit vers elle et l'effrayait par ses propositions délirantes. Il voulait mourir avec elle en se jetant du haut des rochers, ou lui disait qu'ils allaient boire ensemble du vin, puis se trancher les veines et attendre que le vin coulât des blessures. Ma mère était désespérée, mais elle avait beau le renvoyer, il revenait toujours et la poursuivait jusque dans ses rêves.

Ce fut alors que mon père se présenta, et il incarnait point par point le contraire de Habib. Il était réservé et tranquille comme un grand morceau de bois flotté ; ma mère se cramponna à lui de plus en plus fort, au fur et à mesure que l'assaut furieux de son adorateur Habib tentait de l'entraîner plus avant dans la noire profondeur de ses passions. Ma mère tomba amoureuse du lent et pauvre tailleur de pierre.

Les parents de ma mère étaient de vrais miséreux. Ils tentèrent de persuader leur fille d'accepter Habib et d'être gentille avec lui. Ils restèrent sourds et aveugles, malgré les avertissements des voisins, devant les visites nocturnes du fou d'amour. Mais quand leur fille les força d'écouter une nuit en cachette les aventures où le fou lui proposait de l'entraîner, les parents furent épouvantés. Et plutôt par peur du scandale que par amour et conviction, ils consentirent au mariage avec le pauvre tailleur de pierre. Habib déçu se donna la mort devant la porte de l'église le jour même où mes parents furent mariés, et les quelques invités qui assistaient aux modestes noces prirent le large, épouvantés, quand ils virent le jeune homme gisant dans son sang dans le cimetière.

Même après sa mort, Habib resta une malédiction pour ma mère, car tout le village le pleura et son père maudit ma mère : elle avait, disait-il, son fils sur la conscience. Et cela, le jour de ses noces ! Mes parents traversèrent le village en panique, flagellés par les regards des voisins. Ma mère, anxieuse comme une bête traquée, se cacha dans un grand coffre. Mon père ne ressentait aucune peur. Sa lenteur lui donnait une étrange égalité d'âme, à la manière stoïcienne. Mais comme finalement c'était le jour de son mariage, après un court moment il se sentit solitaire dans le petit logis et alla rejoindre ma mère dans le coffre. Pour apaiser la femme grelottant de peur, il la prit dans ses bras, et elle était sûre que c'était en cet instant que j'avais été conçu, tandis qu'au-dehors les hurlements de mort et de vengeance remplissaient le ciel.

Le bruit se répandit que ma mère avait été aimée par un démon qui tuait tous les hommes qui l'approchaient. Pendant les quinze années où mes parents menèrent une paisible vie conjugale, cette rumeur tomba peu à peu dans l'oubli. Mais quand mon père mourut et qu'en plus on ne retrouva pas son cadavre, les ragots reprirent vie et les hommes évitaient ma mère comme la peste. Au demeurant, à cause de la guerre et de l'émigration, il y avait un surplus de jeunes femmes en attente de mariage, et pour peu qu'il possédât ne fût-ce que quelques pains de plus qu'il ne lui en fallait pour vivre, n'importe quel vieillard pouvait se choisir une femme.

Il fallut deux ans pour qu'un répugnant paysan réussît à séduire ma mère, que la faim torturait. Il avait vingt ans de plus qu'elle et jusqu'à la nuit de noces, il n'avait touché et moins encore aimé aucune créature de sexe féminin, hormis son ânesse. Mais au lieu de choyer ma mère, il la frappa dès la nuit de noces. Quant à moi, il ne voulait même pas me tolérer dans sa maison.

Il me fit travailler comme un esclave et me donna encore moins à manger qu'à son chien pouilleux. Je dormais dans l'étable avec les chèvres et les moutons, bientôt je puais moi-même comme un bouc et je me haïssais pour cette odeur.

Quand il avait bu, il était capable de tout. Et il buvait tous les soirs. Souvent, il se mettait à passer la main sous la jupe de ma mère sans se gêner le moins du monde devant moi. Je restais toute la soirée assis sur le seuil de la porte, avec le chien.

Un jour, ma mère le supplia de faire attention et d'attendre que j'aille me coucher.

"Quoi ? s'indigna-t-il, je dois avoir honte devant ce ver ? Tu m'appartiens comme mon ânesse et je fais avec toi ce que je veux et quand je veux." Cela dit, il la jeta brutalement à terre et la chevaucha sous mes yeux. Je m'enfuis en sanglotant, les cris de ma mère me poursuivirent jusque dans l'étable.

Parfois, ma mère s'enivrait pour ne pas sentir vraiment ce qu'il lui faisait ; dans l'ivresse, le cauchemar passait plus vite sur elle, mais des semaines plus tard elle portait encore les traces de sa grossièreté.

Ma mère restait pétrifiée devant son destin comme le lièvre devant le serpent. Elle aimait mieux mourir que se retrouver de nouveau seule, et quand l'homme était bon avec elle pendant cinq minutes, elle en parlait pendant des jours, jusqu'à ce qu'il l'éveillât de nouveau de son rêve avec un coup de pied, une gifle ou une grossière insulte.

Elle avait tout simplement de la déveine, car si cet homme n'était pas sorti directement de l'enfer et s'il y avait eu en lui ne fût-ce qu'un seul trait humain, sa femme affectueuse et modeste lui eût donné une vraie joie. Mais quelque chose avait fait de lui un démon. Les voisins le haïssaient et nous méprisaient. Ma mère était complètement isolée. Elle n'avait qu'une sœur, tante Faride, qui vivait avec son mari aux environs d'Alep. Trois oncles et deux tantes avaient émigré au Canada peu après ma naissance. Les parents de ma mère étaient de pauvres et simples paysans que personne ne respectait, et mes parents du côté paternel ne voulaient rien savoir de nous. Ils se méprenaient sur les raisons qui avaient poussé ma mère à chercher un homme, ne comprenaient pas sa peur de la solitude et de la faim, et n'y voyaient qu'une lascivité au cœur froid qui lui faisait apparemment oublier trop vite mon père.

Un jour où, chez le coiffeur, je saluai mon oncle, le frère aîné de ma mère, il ne répondit pas à mes paroles, mais cracha sur moi et me traita de fils de pute. J'étais complètement seul. Et pourtant, au milieu de ce vide surgit une prophétesse qui me raconta exactement ce qui allait se passer. C'était la vieille marraine aveugle de mon père. Elle avait alors plus de quatre-vingts ans, mais elle était plus vive qu'une jeune fille de vingt ans et elle avait un esprit acéré. Je ne savais pas grand-chose d'elle, pourtant, quand je la saluais, elle me rendait mon salut, sèchement mais sans animosité. Un jour, j'étais assis devant l'étable, attendant le morceau de pain que ma mère m'apportait toujours le soir en cachette pour que je puisse apaiser ma faim pendant la nuit. Alors la femme passa, elle cherchait son chemin en tâtonnant lentement avec son bâton. Je lui dis bonjour et lui demandai si elle avait besoin de mon aide. La femme s'arrêta et répondit : "Non, c'est toi-même que tu dois aider, si tu le peux encore. Prends ta mère avec toi et fuis, sinon ce démon vous tuera. Si vous ne voyez pas cela, c'est que ta mère et toi vous êtes plus aveugles que moi." Mais ma mère ne voulut pas m'écouter. Au contraire, elle adoptait souvent l'opinion de son tortionnaire pour échapper à ses coups, et je restais seul, abandonné et effrayé. Jamais plus je n'ai eu peur comme en ces nuits-là.

Bien sûr, nous avions des voisins, nous étions entourés de gens, mais ils connaissaient tous mon maudit beau-père, ils l'évitaient et nous avec. Et ainsi les maisons et les ruelles de Maaloula se changèrent en ravins vides et gris. Le seul être que je pouvais voir aussi souvent que je voulais, c'était un fou qui restait tout le long du jour, été comme hiver, sur le balcon de sa maison. Il n'était pas beaucoup plus âgé que moi. Ses parents étaient aisés et ne voulaient pas l'envoyer à l'asile. Entre mon étable et son balcon, il n'y avait même pas quatre mètres de distance, et dès le premier jour il m'envoya des saluts exubérants, fit d'abord des signes avec la main, puis il ôta sa chemise blanche et l'agita longuement comme un naufragé qui espère le sauvetage.

Ce fou était l'une des rares créatures, en ce temps-là, qui manifestât de la joie à ma vue. Dès le début, il me demanda de lui raconter ma vie, et je lui dis tout. Quand il voulut savoir pourquoi j'allais dans l'étable, je fus embarrassé et je lui dis : c'est parce que je suis un bouc. Il s'arrêta de gesticuler. Je pensais qu'il allait se mettre à hurler, mais il ne fit que pleurer en silence et essaya, avec un pauvre sourire avorté, de ravaler ses larmes. Désormais, il attendait chaque jour que je revienne des champs et que je lui dise bonjour. Alors seulement il était disposé à écouter sa mère et à rentrer chez lui. Même en hiver, quand il gelait à pierre fendre, il ne portait rien qu'une chemise. Dieu donne la paix à son âme. Avec ses signes et son rire, il m'empêcha en ce temps-là de devenir un âne ou un bouc.

Plus tard, bien plus tard, il épousa une femme simple d'esprit et fut plus calme. Il menait avec elle une vie tranquille, et tu ne me croiras pas : ils eurent une fille et un fils qui furent tous deux de vrais génies. La grâce de Dieu opéra le bon mélange entre la folie du père et la simplicité de la mère – le génie n'est rien d'autre. La fille devint l'un des meilleurs médecins d'Arabie et le fils un chef d'orchestre et célèbre compositeur aux Etats-Unis. Et tous les deux, ils m'hébergèrent plus tard, à quelque moment que j'apparaissais chez eux, parce que leur père leur avait affirmé que je lui avais sauvé la vie en ces temps difficiles. Tous les jours, il avait été obsédé par des pensées de suicide, tellement il se sentait misérable, car son frère bien-aimé, par désespoir, s'était donné la mort pendant le siège. Mais il ne mit jamais son projet à exécution parce qu'il se faisait du souci pour moi et craignait que sans lui je ne meure bientôt. Peut-être avait-il raison, car c'était l'enfer chez mon beau-père.

Comme beaucoup de pauvres hères, j'essayai moi aussi de me rapprocher des gens de Maaloula à force de politesse et de gaieté. J'avais aussi des amis, mais quand ils arrivaient devant mon étable et me criaient de venir jouer avec eux, ce démon se précipitait sur moi et me battait jusqu'à ce que je sorte et insulte à voix haute mes amis comme il me l'avait ordonné. Ils étaient naturellement épouvantés, mais quand je le leur racontai plus tard, l'un des fils de paysans proposa une ruse. Quand ils voulaient venir me chercher, ils appelaient à grands cris, quelques maisons plus loin, un certain Hassan, et comme aucun Hassan n'habitait dans la région, je savais qu'il s'agissait de moi et je me glissais sans me faire voir hors de l'étable. Mais je ne réussissais pas à lui échapper. Où que je me cache dans le village, il me débusquait et me ramenait dans son enfer. De plus en plus grandissait en moi la conviction que je devais fuir, si je ne voulais pas périr.

Je ne savais pas où aller. La situation empirait de jour en jour avec mon beau-père. Il ne m'appelait plus que cochon et voleur et défendait à ma mère de me toucher et de me donner à manger, et si je protestais il me laissait à moitié mourir de faim. Ma mère était forcée ensuite de m'apporter quelque chose en cachette. Un jour, il la prit en flagrant délit et la roua de coups sans pitié. Il la frappa comme un possédé, comme si elle avait tué sa mère à lui. Cela sembla durer une éternité, finalement je fus incapable d'en supporter davantage, je pris le couteau de cuisine et me ruai sur lui. Mais il m'envoya un coup de poing en pleine figure et me cassa le nez. Et s'il n'avait pas glissé en même temps, il m'aurait assommé à mort. Je m'enfuis en courant, aussi vite que mes jambes pouvaient me porter et je me cachai dans l'une des grottes des rochers. Mon nez saignait et me faisait très mal, mais la faim me faisait souffrir plus encore. Je ne pouvais pas dormir. Je pleurais dans l'obscurité et appelais ma mère à voix basse, tout en guettant mon beau-père qui me cherchait. Ses hurlements furieux retentissent aujourd'hui encore à mes oreilles. A un moment, je m'endormis. Alors m'apparut une femme en robe bleue, aussi bleue que le ciel de Maaloula. Elle parlait doucement et caressait mon nez.

"As-tu de la patience, Milad ?" demanda-t-elle, et comme je faisais signe que oui, elle continua : "Il faut que tu quittes le village. Beaucoup doivent quitter le village, mais à toi seul appartient mon trésor. Au fil des années qui viennent, tu devras manger à ta faim vingt et un jours de suite. Puis tu viendras à moi, et de même que l'arc-en-ciel fait cadeau au ciel de ses couleurs, je remplirai ton cœur de joie." Voilà ce que la fée me promit. Je m'éveillai et sentis de nouveau la faim, mais mon nez ne me faisait plus mal. Je voulus courir vers ma mère, quand soudain un nuage de sauterelles assombrit le ciel. Les gens couraient vers leurs champs pour sauver ce qui pouvait encore l'être, mais les sauterelles étaient les plus rapides et elles dévorèrent tout. Je me glissai hors de ma grotte et me rassasiai en attrapant des centaines de sauterelles et en les faisant griller sur un petit feu.

Le lendemain, je vis depuis ma cachette de
nombreux Maalouliens quitter le village
pour survivre et permettre à ceux qui
restaient de continuer à vivre. Je fus
certain alors de ne pas avoir rêvé.
Je voulais manger à ma faim
pendant vingt et un jours
et puis rien d'autre,
hormis revenir
vers ma fée !

★

DEUXIÈME NUIT

Souffrances de Milad auprès de l'homme pieux

Après avoir tourné le dos à Maaloula, j'errai au hasard de village en village. Pendant la nuit, la faim me torturait, et le jour le soleil lui venait en renfort. J'allais de maison en maison, mais partout où j'arrivais les sauterelles étaient passées avant moi. Les paysans mouraient de faim et mangeaient leurs chèvres et brebis crevées ou même leurs propres ordures, et quand je demandais du travail, la plupart se bornaient à rire amèrement et déclaraient que je devais être fou.

Je ne voulais pas trop m'éloigner de ma mère, aussi tournais-je autour de Maaloula, et dans la nuit je l'appelais. Mais plus longtemps je rôdais dans les villages environnants, plus je comprenais que dans cette région calcinée je ne pourrais jamais, de toute ma vie, manger à ma faim pendant vingt et un jours. Et quand j'entendis un vieil homme dire merveille de la petite ville de Yabroud, voisine de Maaloula, je m'y rendis.

En arrivant, j'appris que les sauterelles avaient épargné Yabroud. Une ville bénie, pensai-je, mais les paysans à demi morts de faim venus des villages envahissaient les rues ici aussi, à la recherche de travail. Pour un oignon et un morceau de pain, ils étaient prêts à s'éreinter un jour entier. Ils fouillaient dans les poubelles et assommaient les chiens qui voulaient leur disputer leurs trouvailles.

Je mendiai quelques galettes de pain en chantant du matin jusqu'à midi. Je n'avais pas une vilaine voix à l'époque. A midi, j'échangeai avec un autre mendiant une galette contre un œuf dur, mais à peine avais-je écalé l'œuf qu'un grand type se planta soudain devant moi. "Tu mendies sur mon territoire, donne l'œuf et le pain ou tu tâteras de mon bâton", me hurla-t-il. J'avais peur, mais la faim était plus forte que la crainte. Je fourrai l'œuf dans ma bouche et mordis vite dans le pain. Le mendiant me frappa, mais je continuai à mordre dans le pain et engloutis les bouchées, jusqu'à ce que je tombe sans connaissance. Quand je revins à moi, un groupe de gens m'entouraient et me regardaient avec épouvante. Ils étaient sales et laids et semblaient sortis de l'enfer. Un homme à l'air pieux s'avança vers moi et me demanda si je voulais le servir. Je lavai ma tête à une fontaine et courus derrière mon nouveau maître. Que le diable m'emporte si je ne réussissais pas, chez cet homme qui inspirait la confiance, à apaiser ma faim pendant vingt et un jours. Pourtant, les choses allaient tourner autrement.

Sa maison, en lisière de la ville, était grande et vide. Je m'étonnais, mais mon maître m'expliqua pourquoi il vivait seul. "Les femmes sont insatiables et enclines au péché", dit-il. Puis il récita sa prière de midi et me montra un minuscule réduit sous l'escalier, où je devais dormir. Comme je fis une allusion aux quatorze pièces vides de la maison, il parla d'étourderie dissipatrice qui pourrait le ruiner. Lui-même, il dormait dans une mansarde minable sous le toit. Il fallait éviter aux autres pièces l'humidité du souffle humain.

Sa maison n'avait même pas un puits. Je devais aller chercher l'eau de la source avec des cruches et la rapporter à la maison sur le dos de son petit âne. Quand j'avais fini de ranger et balayer et s'il n'y avait pas de travail aux champs, je devais aussi traîner de l'eau avec l'âne vers les maisons éloignées. Comme si sa grande fortune ne lui suffisait pas, il disputait leur pain aux porteurs d'eau. Il se postait toujours près de la source pour encaisser lui-même chaque piastre. Je devais jour après jour conduire l'âne dans le pré pour qu'il puisse se nourrir lui-même. La pauvre bête était si faible qu'elle n'était même plus capable de dresser les oreilles. Elles pendaient tout le temps. Ce fut seulement quand vint l'été que l'âne put reprendre des forces, car il y avait des écorces de melon partout sur le sol et il pouvait les manger. Dans l'écurie, il n'y avait même pas de foin. Le vieux grigou ne me traitait pas mieux, il ne m'octroyait ni une pomme pourrie ni une grappe de raisin, bien qu'il possédât en suffisance vignes et vergers. Si nous allions dans les vignes, il me disait : "Milad, remplis-toi la panse dans les autres jardins, car mes pieds de vigne sont précieux." Dès que j'avais volé une grappe dans la vigne voisine, il me criait : "Laisse-moi goûter s'ils sont sucrés eux aussi." Il fourrait toute la grappe dans sa bouche et en retirait d'un seul coup la tige nue. Il n'y restait plus un seul grain. Ainsi ce pique-assiette avalait les fruits et légumes pris aux potagers des voisins et en même temps priait le Tout-Puissant d'avoir miséricorde de mon âme faible. Quand nous arrivions dans son champ, il me mettait devant le visage une muselière en fil de chanvre. "C'est utile contre la tentation", disait-il, et ensuite nous travaillions toute la journée à la récolte. Personne ne voulait s'engager chez lui, mais cette année-là les hommes étaient tellement tourmentés par la faim que quelques-uns se laissaient passer la muselière et se crevaient au travail pour un salaire de famine. A Maaloula, même les bêtes n'ont jamais de muselières. Le plus pauvre paysan n'interdit pas à son âne de manger sa part quand on fauche et bat le blé, car la bête bénit la moisson. Mais le grigou ne me permettait même pas de ramasser par terre et de manger un seul grain de raisin ; pourtant il priait cinq fois par jour.

A vrai dire, il n'était pieux que par pingrerie. Car le péché coûte plus cher que la piété. C'était seulement pour appliquer ce principe qu'il écoutait le cheikh de la mosquée, un rusé renard, comme je le constatai plus tard. Ce cheikh rendait visite tous les jours à mon maître et discutait avec lui des supplices de l'enfer. Parfois, je les écoutais en cachette. A la fin, je fus pris d'angoisse, car le monde ne m'apparaissait plus que comme un piège tendu pour capturer les hommes et les jeter en enfer. Dieu semblait trouver un plaisir particulier à pousser les humains dans les bras du démon aux mille artifices.

Dans mon enfance, j'avais entendu le prêtre Markus, catholique de stricte obédience, tonner contre les musulmans. Il haïssait l'islam, disait-il, pour la seule raison que cette religion ignore la confession et donc le repentir sincère. Une mauvaise conscience était selon lui la clé de voûte du christianisme. Et j'enviais en mon cœur les musulmans qui n'étaient pas contraints de s'agenouiller tous les dimanches et de se faire foudroyer par le curé Markus pour chaque grappe de raisin dans la bouche et chaque raideur dans le pantalon. Après la confession, j'étais toujours au trente-sixième dessous, car le curé Markus me traitait de bourreau du Seigneur. J'étais pire que les Juifs, disait-il. Ils n'avaient crucifié Jésus qu'une fois et en toute inconscience, mais moi, je le crucifiais tous les jours et avec préméditation. C'était terrible. Des nuits entières, je restais éveillé et suppliais le Sauveur de me pardonner, parce que j'avais de nouveau chipé une pomme ou regardé les jolies jambes de notre voisine pendant qu'elle les épilait. Sans parler des mauvaises pensés envers mon prochain. Elles logeaient à demeure dans mon cerveau.

Peux-tu t'imaginer un enfant couché dans son lit et qui demande pardon pour les clous qu'il a plantés dans le corps de Jésus avec ses plaisirs à quatre sous et ses regards défendus ? Et pas n'importe quels clous, mais de grands clous rouillés comme celui que le curé Markus apportait si souvent à l'église. Il avait environ trente centimètres de long et était aussi épais que son index. Le curé Markus le brandissait aux yeux des fidèles et s'écriait d'une voix furieuse et rauque : "Voici l'un des clous que l'on utilisait autrefois en Palestine pour la crucifixion des êtres humains. Regardez ce clou, pécheurs, à chacun de vos péchés vous enfoncez plus profondément ce clou abominable dans la chair tendre de Notre-Seigneur. O Dieu, je préfère mourir, être cuit à petit feu, être dévoré vivant par les hyènes, plutôt que de t'infliger ce supplice, mon bien-aimé Seigneur Jésus-Christ."

Le curé Markus nous donnait cette représentation quasiment un dimanche sur deux.

A un homme comme lui, l'islam, qui ne connaît pas de tels sentiments de culpabilité, devait naturellement faire horreur, et Luther n'était pour lui rien d'autre qu'un musulman qui avait aboli la partie la plus importante du christianisme, c'est-à-dire le repentir par la confession.

J'avais aussi cette image de l'islam avant d'arriver chez ce maudit avare. Lui et le cheikh, ils restaient toute la journée dans la salle ou sur le banc de pierre devant la maison, écrasaient à l'envi mouches et moustiques et se délectaient en évoquant les tortures de l'enfer. Ils se surpassaient dans l'invention de nouvelles tortures. Le curé Markus, avec son clou rouillé, était un doux agneau en comparaison de ces deux-là, qui prédisaient aux pauvres pécheurs que des serpents, des hyènes et des scorpions leur sauteraient à la gorge, et ne leur accordaient aucune perspective de salut ou de répit dans leurs tortures. Ils décrivaient voluptueusement les malheureux bouillis dans l'huile chaude ou panés dans le goudron brûlant, et pour raffiner encore, chaque blessure se refermait de nouveau et une peau merveilleusement tendre repoussait, afin que la souffrance pût recommencer du début.

Dès que ces deux hommes se rencontraient, ils s'amusaient à ces imaginations infernales et à chasser mouches et moustiques. L'avare aimait le cheikh qui ne prenait même pas un verre d'eau. "Donne-le à la mosquée, moi, pauvre pécheur, je ne le mérite pas", disait le cheikh. Je le prenais pour un fou. Bien plus tard, seulement, je compris combien j'avais été stupide.

De temps en temps, même l'avare devait offrir un bon repas à un invité, et en outre à un homme qu'il haïssait plus encore que les serpents de l'enfer. A la fin de chaque mois, mon maître recevait en effet la visite du maire. Cet homme était plus vorace encore que les sauterelles. Dieu brûle son âme ! Le grippe-sou en était chaque fois malade, mais il devait garnir convenablement sa table. Mois après mois, le gaillard revenait, mangeait comme un ogre, buvait deux bouteilles de vin et en emportait six. En compensation, il inscrivait l'avare sur la liste des démunis et ne lui prélevait pas d'impôts.

Au début, je pensais encore que mon zèle et le temps attendriraient le cœur de mon maître, mais il s'endurcissait chaque mois davantage. En avril, quand j'étais entré chez lui, il y avait à l'unique repas du soir, en sus des deux minuscules pommes de terre, un morceau de graisse de mouton ; en mai, il attacha le gras à un fil et le fit cuire avec les pommes de terre. Il me donnait la soupe, il mangeait seul le gras de mouton. En juin, il supprima complètement le gras de mouton. Quand je l'interrogeai à ce sujet, il répliqua : "Milad, le gras rend gros et paresseux." En ce temps-là, je n'avais rien sur les os hormis ma peau blême, et j'avais l'air plus vieux qu'aujourd'hui. Il ne servait à rien de crier la faim. "Prie, Milad, prie, afin que le Tout-Puissant te rassasie en Sa grâce infinie", voilà ce qu'il répondait. Je suppliais Dieu de rappeler à Lui cette âme avare, mais il me semblait que même Dieu n'était pas pressé d'avoir ce fâcheux individu comme voisin.

Un dimanche, j'allai à l'église afin d'y chercher consolation pour mon âme. C'était le seul délassement auquel l'avare n'avait rien à objecter. Le service divin n'avait pas encore commencé, quand un murmure courut dans l'assemblée. Elias, l'un des rares brigands chrétiens, avait cerné l'église avec ses hommes. Il était connu pour sa cruauté. Une grande agitation s'empara des gens. Parmi les assistants à la sainte messe, il y avait aussi des policiers et des officiers de l'armée qui subirent à ce moment une étrange métamorphose. Leurs visages, un instant auparavant lisses, orgueilleux et gonflés d'importance, s'affaissèrent, leur peau parut blême et ridée comme une vieille pomme. Leurs mentons devinrent des castagnettes qui eussent réjoui à coup sûr une danseuse de flamenco.

Une femme domina sa peur et dit à la pâle assemblée : “Si messieurs les officiers ont peur, ils peuvent se cacher sous nos jupes. Comme je l'ai entendu dire, le brigand Elias ne s'attaque pas aux femmes.” Seuls, quelques-uns comprirent la plaisanterie venimeuse et rirent. L'un des officiers, le visage quasiment vert de peur, prit non seulement la proposition au sérieux, mais faillit l'adopter tout à fait.

Le curé, un vieux Libanais spirituel nommé Boulos Touma, muté par mesure disciplinaire de son monastère dans cette église, interrompit le service religieux et voulut sortir et parler au brigand. Quelques femmes et hommes fortunés dissimulèrent leurs bijoux et grosses bourses sur leurs serviteurs, ruse favorite et insensée qu'en ce temps-là chaque brigand connaissait. A l'instant où le curé Boulos descendait les marches de l'autel, le capitaine des brigands entra dans l'église, accompagné de deux gardes du corps. C'était un homme imposant, grand et vigoureux, il avait la peau claire et des cheveux noir de corbeau. Deux cartouchières se croisaient sur sa poitrine. Il ôta son couvre-chef.

“C'est la maison de Dieu, Elias, dit le curé d'une voix ferme et claire.

— Oui, mon père”, répondit Elias. Mais que dis-je ! Il ne répondit pas, il tonna. Jamais plus je n'ai entendu une voix comme celle-là. Un tonnerre qui savait parler arabe. L'église trembla, les flambeaux et lampes de cristal vibrèrent et renvoyèrent ses paroles en échos harmonieux.

“Je veux me confesser, parce que je vais sans doute mourir demain. Une bataille est imminente. Monsieur le curé, expédions vite la chose entre nous, il faut que je m’en aille avant que quelqu’un n’avertisse la police.”

Un soupir de soulagement emplit l’église quand le curé se hâta de gagner le confessionnal derrière le petit autel. Tu dois savoir que cette église était minuscule, aussi entendîmes-nous tous la confession du brigand, car, malgré les avertissements répétés du curé, celui-ci ne savait pas parler à voix basse.

“J’ai zigouillé deux ennemis coriaces la semaine dernière, répercutèrent les échos dans l’église. Ils l’ont mérité, aussi ce meurtre ne pèse pas sur mon âme. Ce n’est que de la crotte à mes souliers. Avant-hier, j’ai expédié le grand propriétaire foncier Abdelhadi, parce qu’il m’insultait après avoir dû payer les droits de protection. Cela ne charge pas non plus mon âme et c’est tout au plus de la poussière à mes souliers.” L’homme énuméra quelque dix actes de brigandage et quinze meurtres, qui tous souillaient moins son âme que ses chaussures, puis il commença brusquement à bégayer. Le curé et nous avec lui, nous pensâmes : voilà, il vient maintenant, le péché entre tous les péchés.

“Qu’y avait-il encore, mon fils ? l’encouragea le curé, qui à l’entendre avait la gorge sèche.

— Oui, je ne sais pas comment le dire. J’ai honte, je suis un pécheur, mais peut-être, dans votre bonté, pourriez-vous prier pour moi.

— Qu’as-tu donc fait, mon fils ?” demanda le curé d’une voix à présent haute et irritée. Dans l’église, même les poux dressaient les oreilles.

“J’ai, Dieu me pardonne, mangé de la viande ce dernier vendredi. Pendant quarante ans, j’ai honoré le jour où Notre-Seigneur Jésus a été crucifié, et je n'ai jamais mangé de la viande, et voilà à présent ce manquement, ce péché impardonable", se lamentait le brigand d'une voix pleurarde.

Il y eut une courte pause où tout le monde eut le souffle coupé, puis le curé cria : "Maudit chien ! Ce péché-là est pour mes souliers !"

Les gens rirent, et Elias quitta l'église, soulagé et avec des larmes d'attendrissement.

Le brigand ne mourut pas sous la grêle des balles ennemies. Il en réchappa et vécut longtemps. Je l'ai rencontré de nouveau à Beyrouth dans les années cinquante. Il faisait avec succès le commerce des herbes et épices et avait déjà plus de quatre-vingts ans, mais le tonnerre logeait toujours dans son gosier.

Moi, ce dimanche-là, le curé me plut tellement que je lui demandai s'il aurait besoin d'un aide. Malheureusement, il en avait déjà trois et ne pouvait verser de salaire à aucun, car il mourait de faim lui-même et devait mendier sa nourriture. Je voulais pourtant aller le plus vite possible rejoindre ma fée. Que le diable m'emporte, pensais-je ce dimanche-là en revenant de l'église vers mon tortionnaire, si je ne me débrouille pas bientôt pour manger à ma faim pendant vingt et un jours chez mon vieil avare de maître dévot.

Le lendemain, j'allai chez un escroc et me procurai une clé qui ouvrait la cave à vin. J'y descendis quand le maître n'était pas à la maison. Des milliers de bouteilles étaient rangées sur les étagères. Toutefois, je ne pouvais pas prendre une seule bouteille sans qu'il s'en aperçût. Il vendait beaucoup, car son vin était apprécié, mais il tenait une comptabilité très exacte. Aussi pris-je une grande cruche et y versai deux litres de vin. Ensuite je remplis de nouveau les bouteilles avec de l'eau, les refermai soigneusement, essuyai l'empreinte de mes doigts et revins chez mon escroc avec mon butin. Il goutta les nobles gouttes, mais ne m'en donna que deux piastres. "Le vin ouvert est difficile à vendre. Si tu me l'apportes en bouteille, je t'en donnerai le double", me promit-il. Mais je ne voulais pas prendre ce risque, je préférais les deux piastres. Avec la première, j'achetai une brochette de viande, avec la deuxième trois pains magnifiques. Je dégustai la brochette et un pain entier, les deux autres pains je les cachai sous mon matelas et m'endormis rassasié pour la première fois depuis des années. Le lendemain, je me glissais sans cesse vers mon réduit et grignotais mon pain quand je ressentais ne fût-ce que la plus petite faim. Le troisième jour, je vidai de nouveau deux bouteilles et me précipitai chez mon escroc au moment où le maître prenait son déjeuner de midi. J'obtins cette fois pour mon argent une brochette de viande, deux œufs, une tomate et un pain. Un régal ! Je jetai aux moineaux et pigeons un bon morceau de mon pain. Ils intercéderaient là-haut pour moi auprès de Dieu, afin que la chance me reste fidèle les jours suivants. Quand je revins à la maison de l'avare, celui-ci se lamentait sur les nombreuses souris qui étaient apparues chez lui pour la première fois depuis quarante ans.

"Peut-être dépensons-nous trop pour la nourriture, s'il reste tellement de miettes. A partir d'aujourd'hui, il nous faudra ramasser jusqu'aux plus petites bribes. Les souris sont insatiables", pleurnichait-il. J'eus peine à m'empêcher de rire. Tous les deux jours, désormais, je vidais deux bouteilles de vin ; je pus ainsi manger à ma faim pendant seize jours, mais le dix-septième, la visite du maire réduisit tous mes efforts à néant. J'étais dans mon cagibi, sans me douter de rien, rêvant à Maaloula, quand soudain j'entendis de grands cris. Je pensai que le grigou avait eu un accident, je bondis sur mes pieds, me précipitai dehors et tombai dans les bras du monstre. Il me prit à la gorge.

"Qu'as-tu fait de mon vin ?" hurla-t-il en me traînant dans la pièce où le représentant du gouvernement était assis devant plusieurs bouteilles entamées.

"Quel vin ?" demandai-je en bégayant de peur. Sa poigne était comme une griffe de fer. L'invité rit. "Tu as inversé le miracle du Christ et changé le vin en eau. Aucun vigneron ne peut être assez pauvre pour remplir ses bouteilles avec de l'eau."

Quelle déveine ! Sur les milliers de bouteilles, le grigou avait attrapé juste celles que j'avais vidées.

"Je ne sais rien !" criai-je, mais il me frappa avec une bouteille et me blessa au visage. Vois-tu cette profonde cicatrice au-dessus de mon œil droit ? C'est un souvenir de ce jour. Il m'enferma dans une cave noire et fit ensuite dîner son invité. Quand celui-ci, satisfait et ivre, eut quitté la maison, l'avare découvrit mes provisions sous le matelas.

Pendant sept jours, il me tint prisonnier et de tout ce temps ne me donna rien que de l'eau. Le huitième jour, il me jeta à la porte et me laissa gisant dans la rue. Je suppliai les passants de venir à mon aide, jusqu'à ce qu'un cocher eût pitié de moi et m'emmenât à Maaloula.

★

TROISIÈME NUIT

Comment Milad fut impliqué malgré lui dans la révolution russe

Quand je revis Maaloula, c'était l'automne. A mon arrivée, j'appris par un voisin que ma mère était morte pendant l'été. J'allai au cimetière, mais je ne réussis pas à trouver sa sépulture parmi toutes ces tombes misérables. Il ne s'était même pas écoulé le quart d'une année, et les traces de ma mère chérie étaient déjà effacées. J'errai pendant des jours, désespéré, dans le cimetière, et je pleurais.

Un berger avertit ma tante Faride. Il lui raconta que j'étais devenu fou et dansais sur les tombes. Il est exact que je dansais, mais non dans une crise de folie : c'était pour chasser l'engourdissement de mes membres. La douleur d'avoir perdu ma mère me tuait presque, alors je dansais et pleurais, riais et criais, jusqu'à ce que mes membres sentissent de nouveau la terre, la chaleur et le froid. Alors je savais que j'avais vaincu la mort.

J'ignorais que tante Faride, devenue veuve, était revenue dans le village depuis six mois déjà. Auparavant, elle vivait avec son mari, un sous-officier de gendarmerie, loin dans le Nord, près d'Alep. Après avoir parlé avec le berger, elle se précipita au cimetière pour me chercher et m'emmener chez elle. Elle fut contente de me trouver, car elle avait cru que j'étais mort moi aussi. Ma tante était pauvre, mais elle ne vivait pas dans la misère. Avec la petite rente qu'elle touchait comme veuve d'un sous-officier, elle pouvait se nourrir.

A peine étions-nous chez elle qu'elle se mit à parler de ma mère. “Ma sœur, commença-t-elle, est morte des blessures à la tête que son monstre de mari lui a infligées. Tous les voisins savaient qu'elle n'était pas tombée de l'échelle, comme il le prétendait. Il l'a frappée avec son bâton et touchée plusieurs fois à la tête. Dans la nuit qui précéda sa mort, elle a crié comme une possédée, suppliant les voisins de lui venir en aide, mais personne ne lui a porté secours. Cela me fait particulièrement mal, parce que je vivais loin de là et ne pouvais pas aider ma sœur. Quand elle fut morte, on cloua en hâte quelques planches pour faire un cercueil, le curé donna sa bénédiction, l'assassin marcha derrière le cadavre de sa victime et reçut les condoléances hypocrites de la communauté. On m'a fait parvenir la nouvelle une semaine après l'enterrement. Quelle dérision !

“Les voisins ménageaient le meurtrier parce qu'ils avaient peur de lui. Ils écarquillent les yeux là où la pudeur les détourne, font les aveugles quand ils doivent voir, jacassent quand il serait sage de garder le silence et se taisent quand la vérité n'attend qu'un seul mot pour apparaître. Ils épient ce qui ne les regarde pas, et sont sourds quand quelqu'un appelle à l'aide. Je les hais, tous”, dit ma tante, et elle se mit à pleurer.

En cette heure-là, je décidai de tuer l'homme.

“Penses-tu que Dieu épargne les assassins ?” demanda ma tante au bout d'un moment. Je ne répondis pas. “Non, poursuivit-elle, le châtiment vient plus vite que prévu.

— Comment dis-tu ? fis-je, étonné.

— Une semaine après la mort de ta mère, le diable commença à chevaucher cet homme. Il n'y a pas d'autres mots. Il prit l'habitude de s'asseoir devant sa porte, peu avant le coucher du soleil, et d'inviter les passants à entrer chez lui. Il commençait toujours ainsi : «Je suis un veuf esseulé, faites-moi l'honneur d'être mon invité et d'accepter un petit verre de vin.» Les femmes l'évitaient, et les hommes qui acceptaient ses invitations n'étaient pas des plus honorables. D'abord, ils étaient généreusement traités, mais tandis qu'ils se délectaient des pistaches et du vin, le criminel fermait la porte à clé. Quand il était ivre, il commençait à importuner son invité.

"Au village, les gens racontaient des choses terribles sur son goût pour les bêtes et les hommes, mais je ne veux pas que leurs mots souillent ma bouche. En tout cas, même les gars les plus endurcis étaient épouvantés, et très rares furent ceux qui acceptèrent de bon gré ses approches. La plupart tentaient de fuir, mais ils constataient avec épouvante que la porte était verrouillée. Alors leur bel hôte leur assenait des coups de bâton jusqu'à ce qu'ils cessent de résister et qu'il puisse les violenter. Bientôt, plus personne au village n'accepta son invitation, et les gens décrivaient un grand cercle autour de sa maison. Mais un soir, deux mois environ après le décès de ma sœur, l'ange de la mort lui envoya un dernier visiteur. Un étranger, on dit que c'était un bel adolescent, demanda à l'homme assis devant sa porte s'il connaissait un endroit où il pourrait passer la nuit. Le monstre, tout son visage rayonnant, invita l'étranger à entrer chez lui. A lui aussi, il offrit des pistaches et du vin, lui aussi, il tenta d'abord de le séduire et ensuite de le forcer avec des coups. Mais cette fois, il était mal tombé, car le jeune homme avait dans les veines un sang fier et non de l'urine. Il bondit, terrassa son agresseur et lui trancha la gorge. Le lendemain matin, les voisins le trouvèrent mort dans une flaque de sang. Mais ce n'était pas seulement sa gorge qui avait senti le couteau. Sa chose… comment pourrais-je m'exprimer ?"

En moins de cinq minutes, ma tante m'avait raconté deux assassinats et divers actes de violence. Mais pour me dire que le jeune homme avait tranché le membre du criminel et le lui avait fourré dans la bouche, il lui fallut une heure. Dieu bénisse l'étranger, où qu'il soit, et lui ouvre toutes les portes en remerciement pour la fin ignominieuse qu'il a réservée au meurtrier de ma mère.

Peu après, le frère du mort arriva de Damas, il vendit la maison et les terres et avec l'argent émigra en Amérique.

Je ne pouvais pas rester plus longtemps chez ma tante Faride : bien qu'elle fût généreuse et me donnât copieusement à manger, je me sentais humilié à chaque bouchée. "C'est bon, mon pauvre Milad ? Tu n'as sûrement jamais rien mangé de tel. Reprends-en ! Pourquoi grignotes-tu aussi timidement, comme si tu étais une souris ? Sers-toi bien. Je ne manque de rien et je donne volontiers. Remercie Dieu d'avoir une tante comme moi." Les deux jours que je passai chez elle me furent plus durs à supporter que le travail aux champs chez le grigou. Il y a une générosité qui te tue. Elle ne laisse pas de cicatrice au visage, mais elle te blesse jusqu'au cœur. Je lui volai trois pains et un bocal d'olives et je me rendis dans la grotte. J'y restai deux nuits, et la fée m'apparut de nouveau.

"Tu es à l'abri dans le ventre du rocher, et il garde pour toi son trésor, quand tu auras vaincu la faim pendant vingt et un jours de suite", dit-elle. Cette fois, elle portait une robe dorée, aussi dorée que les épis de blé mûrs à Maaloula.

Quand je me réveillai, je réfléchis longuement. Aucun pêcheur ne trouvera sa chance en haute mer si son bateau reste amarré à la rive. Mon amarre, c'était la nostalgie de ma mère, c'était pour cela que je n'osais pas m'éloigner davantage de Maaloula. Pourtant, ma mère était plus près de moi depuis sa mort. Elle n'était plus liée à Maaloula et voyageait à présent avec moi, sous forme de souvenir, où que j'aille. Ainsi partis-je pour Damas. La Première Guerre mondiale était déjà dans sa quatrième et dernière année. Il ne fallait pas que je me laisse prendre, car tous les jeunes hommes devaient partir pour la guerre. Sur les routes qui menaient à la capitale, l'armée avait placé des postes de contrôle. Avec l'aide de contrebandiers, je pus entrer dans la ville et je cherchai du travail, mais n'en trouvai guère, et si j'en trouvais, c'était pour quelques jours ; ensuite je devais me cacher de nouveau.

Pas un instant, je n'oubliai le trésor que la fée m'avait promis, mais à cette époque j'étais plutôt occupé à dégager ma tête du nœud coulant tendu par les patrouilles qui recherchaient les réfractaires. Plus de dix fois, ils m'ont pris, et tout aussi souvent j'ai pu leur échapper. Un jour, ils m'ont tiré dessus pendant ma fuite. Ici, tu vois la cicatrice sur ma poitrine ? Elle vient de cette nuit-là. Je saignais abondamment. Avec mes dernières forces, je me suis caché dans l'entrée sombre d'une maison élégante, dans la partie nord de Damas. Un homme en est sorti et m'a demandé en criant ce que je faisais là, si je voulais reluquer sa femme et sa fille. Ce furent les derniers mots que j'entendis avant de perdre connaissance. Quand j'ouvris de nouveau les yeux, je vis un visage merveilleusement beau penché sur moi et je pensai au premier instant que j'étais mort et déjà au ciel. La femme me demanda qui m'avait arrangé ainsi.

"Qui aura pu blesser un voleur ? Une autre canaille !" hurla son mari depuis la cour intérieure. Peu après, il vint vers moi.

"D'où viens-tu ? Comme t'appelles-tu, mon garçon ? Et quel crime as-tu commis ?" Je fis semblant de ne pas pouvoir parler, mais l'homme était méfiant et deux jours après il me mit à la porte.

La quatrième année de la guerre ôta à Damas ses dernières forces, sema la faim et la mort dans d'innombrables familles. Bien des fils ne revinrent plus dans leur foyer. Damas, la perle de l'Arabie, n'était plus qu'une ville malade et fatiguée. Je haïssais sa vue, mourais de faim avec elle et restai un temps son prisonnier, et la maudite ne me rassasia même pas pendant deux jours. Quand la guerre fut finie, je voulus quitter ce lieu inhospitalier et tenter ma chance à Beyrouth. La ville, comme tu le sais, est située au bord de la mer Méditerranée, qui était alors pleine de pêcheurs, d'aventuriers et de dangers mortels. Aller en mer, disait-on, c'est courir à sa perte, et en revenir c'est comme naître à nouveau. Je voulais partir, je voulais mourir, ou naître encore une fois.

Mais les choses se passèrent autrement.

Je partis pour Beyrouth avec Sarkis, un autre Maaloulien. Il voulait poursuivre son voyage jusqu'au Brésil où son frère vivait déjà. Peu avant Staura, nous avons fait halte et j'attrapai un lapin à la course. Nous nous réjouîmes du butin, fîmes du feu et commençâmes à rôtir la petite bête. En même temps, nous nous entretenions à voix haute en araméen, sans deviner que des yeux méfiants nous observaient dans les buissons. Avant même que nous ayons pu ôter du feu la tendre chair, quatre hommes nous tombèrent dessus. Ils nous prenaient, nous autres pauvres diables, pour des espions importants. Ils appartenaient à l'une de ces grandes bandes dont je t'ai déjà parlé. Ils se donnaient le titre d'armée de libération et tenaient sous leur contrôle tout le chemin entre Damas et Beyrouth. Leur chef était un petit homme aux yeux de feu où étincelait la folie. Il voyait partout des espions et des assassins. Il parlait avec une telle nervosité qu'il s'enrouait au bout de trois phrases, mais ses hommes l'aimaient : il ne se cachait pas devant un danger de mort et prenait tous les risques au combat. Et après ses coups de main, il partageait le butin avec équité.

Nous fûmes traînés devant cet homme, et bientôt ses aides-bourreaux nous rouèrent de coups. Nous ne pouvions cependant que leur répéter que nous n'étions pas des espions, mais de pauvres gens de Maaloula.

“Et où se trouve cette Maaloula ?” demanda le capitaine le quatrième jour. Nous pensions que cette fois il nous croirait. “Dans les environs de Damas. A pied, c'est à un jour de marche”, répliquai-je. Hélas, cette réponse persuada définitivement le chef que nous mentions. “Si vous étiez vraiment originaires des environs de Damas, vous devriez parler arabe. Vous le faites bien maintenant, mais entre vous vous avez parlé une langue étrangère.” Il nous fit enchaîner, sans doute espérait-il tirer une énorme rançon des prétendues puissances étrangères qu'il supposait derrière nous, car en général c'était un assassin au sang froid, qui faisait fusiller ses adversaires tout en dégustant son déjeuner. Il attendait chaque jour une délégation qui négocierait notre rachat. Nous logions dans une caverne humide sous la terre, et les hommes nous accablaient de leurs railleries.

Mon compagnon Sarkis, après six mois de captivité, mit à profit une inattention des gardes et tenta de s'enfuir, mais il n'alla pas loin sur ses jambes faibles. Ils l'ont abattu à coups de fusil.

Combien de temps suis-je resté prisonnier des bandits, je ne sais plus. Chaque jour me paraissait une éternité. Je m'abrutissais peu à peu, jusqu'à ce qu'un journaliste d'une riche famille damascène tombât sur la bande. Cet homme me sauva la vie. Ou était-ce sainte Takla ? Ou ma fée ? Je ne sais pas. Le journaliste avait en tout cas une grande quantité d'or sur lui et gagna aussitôt la confiance du capitaine, d'autant plus que celui-ci espérait, avec l'aide de cet éloquent jeune homme, augmenter considérablement le nombre de ses partisans dans la population. Un soir, le journaliste raconta qu'il était allé un jour à Maaloula, pour que sainte Takla le guérisse d'une maladie à l'œil. Comme tu sais, le monastère, grâce à la foi et à la superstition de ceux qui étaient tourmentés par la maladie, est devenu puissant. Des milliers de gens venaient y chercher la guérison des souffrances que médecins et charlatans ne pouvaient pas adoucir. Et si un seulement sur mille était guéri, cette nouvelle en persuadait mille autres, qu'ils fussent juifs, chrétiens ou musulmans. C'était le cas du journaliste, qui était immensément reconnaissant à notre sainte Takla, parce que, disait-il, sans son aide il serait devenu aveugle. J'étais follement heureux qu'il connût Maaloula et, pour appuyer son récit, j'inventai un conte savoureux où sainte Takla sauvait toute une famille lors du naufrage du *Titanic*, parce que la petite fille s'appelait Takla et, à l'heure de la détresse, s'était écriée : “O sainte Takla, sauve-nous !”

Le journaliste réussit à convaincre le capitaine des brigands que l'on parlait araméen à Maaloula et non arabe, et je fus gracié. Toutefois, on ne me laissa pas poursuivre ma route vers Beyrouth, mais on me renvoya à Damas. Pourquoi ? Cela reste le secret du chef de bande.

Comme je l'appris plus tard, mon sauveur tua le chef de la bande. C'était un espion bien camouflé, envoyé par le pire ennemi de ce bandit. Les temps, alors, étaient féroces.

J'arrivai de nouveau à Damas en hiver. Je rendis visite à un Maaloulien du nom d'Ibrahim Mloha, qui avait sa boulangerie près de la porte de Thomas.

En ce temps-là, de nombreux Maalouliens travaillaient comme boulangers dans le quartier chrétien de Damas. Je dormais dans la boulangerie et marnais du matin au soir pour un morceau de pain et le droit de coucher sur les sacs de farine. Plusieurs mois passèrent sans que je pusse manger à ma faim trois jours de suite.

Parmi les clients d'Ibrahim, il y avait un monsieur bien vêtu qui venait acheter son pain tous les jours. Je lui plus pour une raison quelconque et chaque fois il me donnait une fine cigarette étrangère. Un jour, il me demanda si je n'avais rien de mieux à faire que de crever dans cette boulangerie. “Chez moi, tu pourras oublier ta faim pour toujours, si tu travailles bien”, dit-il pour m'attirer, et je le suivis.

Il m'invita dans un restaurant où je pus commander tout ce que je voulais. Je mangeais comme un loup affamé. Le spectacle amusait mon hôte. Il riait. Après le repas, nous sommes allés dans un parc au bord du fleuve, où il m'expliqua ce que j'avais à faire. Personne ne devait savoir que je travaillais avec lui, dit-il. J'irais pour lui à la chasse aux clients, j'amènerais les gens jusqu'à la porte de sa boutique et ensuite je disparaîtrais. Mon salaire me serait remis de jour en jour dans le parc. Je l'attendrais à dix-huit heures sous le grand chêne. Il viendrait alors et pour chaque client me donnerait dix piastres. Une fortune pour moi ! A titre d'avance, il me remit vingt piastres et m'ordonna d'aller chez le coiffeur et au bain, et de me chercher une bonne auberge. "Même un âne ne te fera pas confiance si tu te promènes dans ces guenilles et si tu es plus crotté qu'un chien errant", se moqua-t-il en me poussant dans le premier magasin venu. Là, il fit empaqueter pour moi une chemise, un pantalon, du linge neuf et des souliers, paya et disparut.

Le lendemain matin, je commençai à guetter de riches paysans dans la rue des Orfèvres. Je trouvai le premier vers midi. A cause des temps agités, il voulait acheter de l'or. Comme mon maître me l'avait ordonné, je demandai au paysan s'il voulait multiplier par deux l'argent dont il disposait, et le naïf mordit à l'hameçon. "Oui, bien sûr", répondit-il. Je lui montrai la boutique où siégeait mon patron, au bout de la ruelle des Orfèvres, à gauche de la mosquée. "C'est là que tu pourras devenir riche", chuchotai-je d'un air mystérieux, et le cupide imbécile s'y précipita, moi sur ses talons.

Arrivé devant la boutique, mon maître le reçut. A vrai dire, je n'avais rien de plus à faire, mais je voulais voir ce qui se passait et je restai près de la porte. Comme un changeur expérimenté, mon mécène, ce diable d'homme, tira une liasse de billets merveilleusement beaux et les montra au paysan. "C'est de l'authentique argent russe, imprimé par Sa Majesté le tsar Nicolas Alexandrovitch en personne.

— Oui, mais on dit que là-bas a éclaté une révolution et que le chaos y règne, l'interrompit le paysan.

— Certes, mon ami, certes. Mais ce ne sont que les agissements de deux bandits, Lénine et Trotski. L'un d'eux est chétif et petit et l'autre presque aveugle", fit-il d'un ton de mépris en posant sur la table une photo qui montrait Trotski avec des lunettes. "Et ces deux-là veulent renverser le tsar avec l'aide de quelques canailles, poursuivit l'escroc. Ils veulent faire d'un paysan leur président et nommer un balayeur des rues ministre de la Santé. Je te le demande, est-ce que cela peut marcher ?"

Le paysan hocha la tête. "Il faut que le diable les ait chevauchés. Des paysans peuvent traire et semer, mais pas gouverner, confirma-t-il.

— C'est bien mon avis, aussi tout le monde civilisé est du côté du puissant tsar", dit mon maître à voix basse en exhibant un portrait de Nicolas avec une foule de médailles sur la poitrine. "L'Angleterre, la France, le Japon, la Finlande, la Pologne et l'Allemagne sont contre ce brouillamini de bolcheviks. Jette seulement un coup d'œil sur le nouvel argent communiste. Ils n'ont même pas de bon papier." Il se pencha vers le paysan et lui parla à voix basse sur un ton confidentiel, si bien que j'eus peine à comprendre. "C'est tout au plus une question de mois, ensuite le rouble russe crèvera le plafond. Aujourd'hui il est encore à bas prix, mais bientôt ce billet vaudra dix fois plus. Quand les Anglais se mêlent de quelque chose, même les serpents y perdent leurs dents. Les bandits Lénine et Trotski comprendront leur douleur.

— Oui, les Anglais sont perfides. Que Dieu nous protège d'eux", répondit le paysan. Il s'arrêta un moment et regarda fixement les billets. "Et pourquoi veux-tu me vendre les roubles au lieu de les garder pour toi ? demanda le pauvre diable, encore un peu méfiant.

— J'en ai hérité une quantité. Ma tante Katharina appartient à la noblesse russe. Mais maintenant j'ai besoin d'argent liquide pour mon entreprise d'import-export. Je suis en train de développer une importante affaire en France", fabula l'escroc paisiblement. Juste en ce moment, un homme bien habillé entra – de toute évidence un complice comme moi – et posa deux colliers de perles sur la table.

"Tante Katharina te salue et te fait dire que si cela ne suffit pas pour l'affaire de France, tu dois passer ce soir chez elle et prendre ses bijoux. Tu ne dois vendre en aucun cas l'argent russe. Elle vient d'entendre aux informations que les troupes anglaises ont encerclé Moscou. Trotski a disparu et Lénine est blessé", annonça le type bien habillé, puis il disparut de nouveau.

L'escroc prit le collier, rassembla les billets et ouvrit une petite armoire derrière lui, où l'on voyait des joyaux et des parures à côté de piles d'argent hautes d'un mètre. Les yeux du paysan s'élargirent. "Combien coûte un… je veux dire : un rouble ? demanda-t-il la gorge sèche.

— Je ne peux malheureusement plus en vendre. Tu as entendu ce que ma tante a dit. Les Anglais…

— Tu peux quand même bien en vendre quelques-uns à un pauvre paysan. Tu en as tellement", supplia le malheureux. Et peu après, l'escroc l'avait délesté de tout son argent. Sa victime reçut en échange une grosse liasse de billets merveilleusement beaux et sans valeur.

"Dieu aidera le grand souverain Nicolas à rentrer dans son droit. Que Dieu punisse les *balchaviks*", cria-t-il en s'en allant. Bien rares étaient ceux qui savaient que le tsar à cette heure était déjà mis en terre.

Jour après jour, j'amenais de nouveaux clients à mon maître. Il vendait le papier bariolé pour du bon argent et n'avait rien à craindre, car chacune de ses dupes confirmait aux autres paysans que les billets étaient authentiques. En ce temps-là, rares étaient ceux qui savaient lire, et dans tout le quartier il n'y avait peut-être qu'une seule radio, chez la famille la plus riche. Et que racontaient ces maudites boîtes ? Elles jacassaient toute la journée sur l'imminente victoire des Alliés contre Trotski. Comme si mon patron avait soudoyé tous les "présentateurs", ils répétaient ses propres paroles vingt-quatre heures sur vingt-quatre. Les bolcheviks étaient une horde d'assassins sans Dieu, qui couchaient avec leurs propres sœurs. Jour après jour, le général Untel emportait la ville de Je-ne-sais-quoi et exterminait tous les bolcheviks. L'escroc découpait dans le journal les photos des officiers aux gros ventres et les mettait sous les yeux de ses victimes. "Sérieusement, susurrait-il comme un serpent, crois-tu vraiment que ce général peut être vaincu par un type squelettique et à demi aveugle comme ce Trotski ? Regarde ce visage, cette moustache et ces yeux d'aigle – d'un seul regard, ils tuent déjà cent soldats." Et ses auditeurs manifestaient leur respect envers les photos de ces hommes forts, ils laissaient là leur argent et s'en allaient en hâte, avec les billets bariolés du tsar.

Jour après jour, il arrivait dans le parc, me donnait mon salaire et me recommandait de me peigner et soigner convenablement. Où le second complice recevait-il son argent, il ne me le révéla pas.

Aussi, une fois, par curiosité, je le suivis. Je voulais absolument savoir où il rencontrait son autre aide. Soudain, l'escroc disparut sous le portail d'une maison où d'autres hommes entrèrent après lui. Je crus d'abord que c'était un bordel, mais j'appris par le propriétaire de la petite taverne d'en face qu'il y avait dans cette maison un enfer du jeu. Il appartenait à un Français qui vivait à Damas depuis une éternité et tout ce qui dans la ville avait un rang et un nom jouait chez lui, même le préfet de police. Mon patron nourricier s'y rendait chaque jour. Il était possédé par la passion du jeu. Aux joueurs, le bonheur est enlevé le jour de leur naissance, aussi deviennent-ils fous à force de le chercher. Quand j'appris sa passion du jeu et, par le propriétaire de la taverne, d'autres histoires encore sur le triste destin des joueurs, j'eus pitié de l'escroc qui manifestement perdait nuit après nuit. Souvent, le lendemain matin, il était complètement décavé, et c'est seulement quand le prochain client quittait sa boutique qu'il avait assez d'argent pour se faire servir un petit déjeuner au café voisin.

Jour après jour, les clients arrivaient et suppliaient Dieu d'envoyer au secours du tsar Nicolas des légions d'anges et d'Anglais. Et ils adressaient leurs plus proches parents à mon maître, parce que cette canaille les priait de garder le secret. A Damas, tu ne peux pas propager plus rapidement une nouvelle qu'en disant à ton auditeur que c'est un secret. Les mots “soit dit entre nous”, chacun les comprend comme une invite à répandre tes propos aussi vite que possible. Ainsi, tout marchait à merveille, et parfois je devais même consoler quelques clients en leur disant de revenir plus tard, parce que la boutique était déjà pleine.

Mon travail devint bientôt une simple routine, mais il en allait autrement pour l'autre aide.

Ses apparitions dans la boutique avaient mille visages. Tantôt il était déguisé en courrier, tantôt en policier qui exprimait son accord avec le propriétaire de la boutique et inspirait confiance. Le pire, pour les pauvres fous, c'était quand il arrivait en riche marchand et voulait acheter la totalité des roubles. Alors ils laissaient à l'escroc tout ce qu'ils possédaient. Quand ils n'avaient plus d'argent, ils échangeaient bagues en or, montres, bijoux et pistolets contre le papier bariolé. Si le tsar de Russie avait su combien ses roubles étaient convoités en Arabie, peut-être fût-il ressuscité.

L'escroc écoutait les informations jour et nuit comme si elles étaient la parole du Seigneur. Dès que les clients disparaissaient, il courait à son poste de radio qu'il cachait dans une armoire près du trésor. Il écoutait les dernières nouvelles du front. Je pouvais observer cela de mon poste de guet, en face du magasin.

Un soir où il m'apportait comme toujours mon argent, il me pria de venir à sa boutique après la tombée de la nuit et de me glisser dans la maison par la porte de derrière. Je fis comme il me l'ordonnait et il me demanda si je viendrais avec lui à Alep une semaine plus tard, pour aller chercher un grand chargement d'argent russe apporté de Russie en Syrie via la Turquie. L'affaire était dangereuse, aussi me paierait-il deux livres d'or, une d'avance et une ensuite. J'acceptai aussitôt, ce qui le soulagea, car l'autre collaborateur ne voulait manifestement pas l'accompagner.

"Il est très doué comme acteur, mais le moment venu, il est peureux comme un lièvre. Qui sait, peut-être est-il seulement un lièvre qui sait bien jouer l'être humain", dit-il amèrement. Et ce fut ensuite le tour des informations. Quand il entendit que les agresseurs étaient déjà devant Petrograd, il pâlit. Pendant un moment il ne dit plus un mot, mais il tournait sans cesse le bouton à la recherche de nouvelles stations. Toutes, elles confirmaient ses craintes. "Ce n'est pas possible. Ils vont y arriver, et j'aurais bradé des millions à des paysans pouilleux", gémit-il, et puis il écouta d'autres nouvelles en des langues étrangères que je ne comprenais pas. Finalement, il s'effondra sur une chaise, désespéré. "Ces fils de pute vont renverser les bolcheviks. Je suis vraiment un âne d'avoir donné des caisses entières de vrais roubles, se lamenta-t-il.

— Dieu protège les bolcheviks, priai-je alors à voix haute en levant les bras au ciel, afin que les choses s'arrangent pour mon maître et que je puisse bientôt revenir à Maaloula." L'escroc sourit amèrement. Peu avant minuit, je quittai la maison et courus par les ruelles sombres jusqu'à la petite auberge où j'habitais depuis quelque temps. Cette nuit-là, j'ai supplié la Vierge Marie de venir en aide à Trotski, pour qu'il puisse mieux voir ses ennemis. Je promis de donner un agneau aux pauvres si les bolcheviks gagnaient.

Le lendemain, les gens faisaient la queue devant la boutique de l'escroc. Chacun feignait d'être passé par hasard, mais mon maître ne leur vendit plus un seul rouble. J'étais de l'autre côté de la rue et je l'observais, qui repoussait désespérément les clients avides. Et ensuite, il arriva à dix-huit heures précises dans le parc et me remit mon salaire immérité. "Mais je ne t'ai pas amené un seul client, protestai-je.

— Si, si, rayonna-t-il, tu as fait plus que cela. Tu as crié hier soir : «Dieu protège les bolcheviks.» Ta prière a été exaucée. Ils ont remporté la victoire aujourd'hui à midi. Les Français, les

Japonais, les Allemands et surtout les Anglais ne savent même plus comment battre en retraite. Demain, tu dois mettre encore plus de cœur à l'ouvrage. Nous n'avons plus beaucoup de temps.

— Et la caisse avec les roubles d'Alep ?

— Pour cela, c'est malheureusement trop tard." Il haussa les épaules et disparut.

Pendant exactement dix-neuf jours, j'avais mangé à ma faim auprès de ce type, mais le vingtième jour le malheur arriva. Le matin, peu après dix heures, j'amenai un marchand venu du Nord. Mais la boutique était fermée. Je consolai le client, l'invitai au café et commandai du thé pour nous deux.

Si j'étais venu en ce monde un peu moins malchanceux, j'aurais filé sur la route de Maaloula plus vite que le vent, car j'avais encore de l'argent pour plusieurs jours. Mais, âne que je suis, j'offris un repas au client et je revins ensuite avec lui à la boutique toujours fermée. Parfois, je pense que mon père a déposé beaucoup de sa lenteur dans mon berceau. Au lieu de disparaître sans bruit, j'attendis devant la porte avec l'homme, et soudain deux paysans surgirent au tournant de la ruelle avec une bande de policiers. Je voulus m'enfuir en courant, mais ils crièrent : "Au voleur ! Attrapez-le !", et le maudit client, qui venait de boire son thé à mes frais, me retint. Les paysans me tuèrent presque à coups de poing, tandis que les policiers les regardaient. Au poste de police, je rencontrai l'autre aide. Il était aussi mal arrangé que moi, mais il riait. "Milad, dit-il, ne t'en fais pas. Je joue seulement le rôle d'un escroc qui est tombé aux mains de la police." Où l'autre grande canaille était-elle cachée, nous ne le savions pas, mais j'étais étonné qu'aucun voisin ne pût se rappeler comment l'homme s'appelait et à quoi il ressemblait.

"Ton partenaire n'a-t-il pas dit que le tsar allait vaincre ? Ne nous as-tu pas amené chez ton partenaire, qui nous a volé notre argent ?" m'accusèrent-ils devant le juge. Je maudis à voix haute le tsar Nicolas, mais cela ne servit à rien. Il se présentait toujours de nouveaux témoins. Le lendemain matin, le journal publia ma photo et celle de l'autre aide, et déjà les fous que leur cupidité avait délestés de leurs biens déferlèrent en versant des larmes amères. Ils me faisaient peine et je pleurais avec eux.

"Vous n'avez pas de chance, nous plaignit le juge. Si les forces du bon droit avaient vaincu en Russie, les gens vous auraient encensés. Malheureusement, ce sont ces impies de bolcheviks qui ont gagné", poursuivit-il en souriant, et il me condamna pour escroquerie à cinq ans de prison et l'autre aide à dix ans de travaux forcés, parce qu'il avait déjà été arrêté trois fois pour escroqueries diverses. Encore dans la salle du tribunal, je résolus de m'enfuir de la prison aussi vite que possible. Je préférais mourir plutôt que pourrir enfermé pendant cinq ans.

★

QUATRIÈME NUIT

Pourquoi Milad jeta par-dessus bord sa bonne réputation

La prison se trouvait dans une vieille forteresse directement au bord du fleuve ; les premières semaines furent pour moi l'enfer sur terre. Chaque minute là-dedans me semblait une éternité. On me fourra dans une minuscule cellule humide où étaient déjà parqués dix-neuf autres hommes. Nous n'avions le droit de voir le soleil qu'une fois par jour pendant une heure, et pendant quatre heures nous devions limer, avec une minuscule lime rouillée, des noyaux d'olive pour en faire des chapelets. Peux-tu t'imaginer cela ?

Quand j'avais été prisonnier des bandits, j'étais enfermé dans une caverne sous terre, mais les brigands n'étaient pas mieux logés que moi. On pouvait y laisser la vie, mais à part quelques instants dans la journée où des bandits se moquaient de moi, j'étais considéré parmi eux, et personne n'offensait ma fierté d'homme. Mieux encore, on me servait les mêmes repas qu'au chef. Ici, dans cette vieille forteresse, au contraire, j'avais atterri dans une écurie qui avait été à l'origine remise à neuf pour les chevaux de la cavalerie. Mais ensuite, les vétérinaires avaient déclaré que l'humidité de la forteresse était nocive pour les chevaux et on en avait fait une prison. On n'avait pas les mêmes scrupules envers les êtres humains.

Dans la cour, nous étions frappés et humiliés par les gardiens, selon leur humeur et la plupart du temps sans raison. Et à l'intérieur des cellules régnait un assassin venu de la ville côtière de Banya. Il s'appelait Abou Chafra, "l'homme à la lame de rasoir", parce qu'il avait tué ses sept victimes avec un rasoir. Dès le premier jour, il me roua de coups pour un motif insignifiant. Je n'avais aucune idée des barbelés invisibles qui partageaient exactement le territoire de cette minuscule cellule. Quand on me poussa dans la cellule archicomble, je constatai que le criminel près de la fenêtre avait plus de place que quatre prisonniers réunis. Il trônait sur l'unique châlit comme un roi, tandis que les autres s'entassaient les uns sur les autres. Sans me douter de rien, je m'assis à côté de lui sur le châlit à moitié vide. Soudain, il se fit un silence de mort. Je saluai tout le monde poliment, mais je n'avais pas fini de parler que mon oreille mugissait déjà et que j'étais étendu par terre. Sans dire un mot, l'assassin me rouait de coups. Les autres me regardaient craintivement et sursautaient à chaque coup. Je le maudis, et il continua à frapper sans pitié. Quand il me laissa, je gisais à terre, le visage saignant, désespéré par cette agression inattendue. Alors il se pencha sur moi, ricana et tira un rasoir de sa poche. "Et si tu dis un mot aux gardiens, je te tranche la gorge. Tu serais alors le huitième."

Il était le maître absolu dans cette cellule. Que tu le croies ou non, il avait édifié dans ce trou de pas même quatre mètres sur quatre un Etat tout entier, avec des droits de douane pour chaque chose que les autres recevaient, et une banque avec gages et intérêts. Dans son Etat, Abou Chafra distribuait récompense et punition, engageait et congédiait espions et hommes de main. Mieux encore, il y avait même un prostitué ! Il s'appelait Saba, était gras et avait l'air innocent comme un jeune moine, mais dans son cœur vivait un serpent venimeux à la vue duquel un cobra serait tombé raide mort. Si tant de haine couvait en lui, c'était sans doute – je l'appris par la suite – parce qu'il avait été violé quotidiennement par son beau-père à l'âge de sept ans. A treize ans, il fit le tapin, et à seize il devint le plus jeune et le plus brutal proxénète d'Arabie. Il était si dévergondé que parfois même Abou Chafra avait honte de céder à ses désirs extravagants. Mais tout cela n'était que gênant. Ce qui était dangereux, c'était que ce maudit prisonnier possédait la clé de l'âme de notre tyran et pouvait jouer avec l'humeur de celui-ci comme un enfant avec un ballon, si bien que parfois nous ne savions plus qui dominait qui. Grâce à un mélange de mouchardage, harcèlement et chicane, Saba mettait son maître en ébullition, ensuite il jetait des regards réjouis autour de lui et décidait, dans son cœur corrompu, sur quelle victime il allait lancer le monstre écumant. Tu aurais dû voir les hommes, le regard brisé, supplier le prostitué de les épargner. Ensuite, avec un ricanement sournois, il faisait son choix, murmurait n'importe quelle accusation contre l'élu, et le souverain déchargeait sa colère sur la malheureuse victime. Saba le récompensait alors en le satisfaisant avec un dévouement particulier. Et les autres prisonniers, qui venaient juste d'éprouver une peur mortelle, se satisfaisaient en les regardant, et chacun faisait comme s'il était sourd et aveugle. Moi seul ne pouvais fermer ni mes oreilles ni mes yeux. Et quand ils commençaient tous à gémir en chœur, comme au signal d'une invisible baguette magique, je doutais de ma raison.

Pendant la courte période que je passai dans cette maudite cellule, Saba me désigna trois fois aux coups impitoyables d'Abou Chafra. J'ai rarement conçu une vengeance avec autant de précision que celle que je destinais à Saba. Je le haïssait plus qu'Abou Chafra lui-même. Dans mon imagination, je le tuais cent fois en prolongeant infiniment ses souffrances.

Je n'avais aucun moyen personnel et pas de riches parents pour m'envoyer quelque chose dont le tyran aurait pu disposer. Il m'appela bientôt *abdi*, mon esclave, et me traita en conséquence. Je devais avec deux autres hommes sans ressources, nettoyer la cellule, laver et rincer, chaque fois qu'il le souhaitait. Tous les trois, nous étions au plus bas degré de la hiérarchie. La place où nous dormions était directement à côté du seau où nous faisions nos besoins et qui n'était vidé que le matin.

Au bout de quelques jours, je demandai à l'un des prisonniers, à voix très basse, pourquoi les autres ne se liguaient pas pour tomber une nuit sur Abou Chafra et le priver de son pouvoir. Une demi-heure plus tard, le tyran était au courant et nous fûmes punis tous les deux, moi, parce que j'avais posé la question, et mon pauvre auditeur parce qu'il ne m'avait pas dénoncé. Cette fois, deux autres prisonniers se chargèrent de la correction, tandis que le tyran s'amusait avec Saba sur le châlit.

Quand ils eurent exécuté leur tâche, l'un d'eux se vit octroyer une bouteille d'arak. Il était alcoolique et donc doublement dépendant d'Abou Chafra. A l'autre, celui-ci jeta un morceau de haschisch gros comme une noisette, et tu aurais dû voir tous les autres venir en rampant vers nos tortionnaires pour mendier une gorgée d'arak ou un peu de haschisch. Seuls, nous deux restions couchés dans notre coin. Ma tête me faisait terriblement mal à cause des coups et mes yeux à cause de la folie qui se déployait dans la cellule.

Cigarettes, haschisch, fruits et alcool étaient distribués par le tyran. Tout était soigneusement rangé dans des caisses de bois sous son châlit. Qui dissimulait quelque chose dans la cellule, dans ses vêtements, dans le mince matelas ou dans les trous du mur, devait en rendre compte immédiatement non aux gardiens, mais à cette brute. Toutefois, il exécutait rarement de ses mains le sale travail. Il n'aimait expédier personnellement que l'accueil des nouveaux, ce qu'il appelait le "hammam", c'est-à-dire le bain.

Et si étrange que cela paraisse, il ne chevauchait son giton que lorsque lui ou l'un de ses hommes de main venaient de rouer de coups quelqu'un en le laissant à demi mort.

Un jour, par exemple, Saba eut envie de son maître et s'affaira sur lui tant qu'il put, mais en vain. Comme cela se passait sous les yeux de tous, Abou Chafra hors de lui de fureur se mit à cogner aussi sur Saba. Celui-ci, totalement surpris, perdit son effronterie habituelle, pleurnicha sans se défendre et implora merci. Et aux premiers gémissements, le tyran devint sur-le-champ plus ardent qu'un taureau en rut, pénétra son subordonné et celui-ci dut lui confirmer plusieurs fois à quel point son membre était dur et fort.

Deux semaines après mon arrivée, on libéra deux prisonniers et deux nouveaux entrèrent dans la cellule. J'eus peine à croire ce que je voyais : les imbéciles libérés pleurèrent au moment des adieux, baisèrent la main de leur tortionnaire et le prièrent de leur donner sa bénédiction, et même Abou Chafra avait les larmes aux yeux.

L'un des nouveaux était un jeune homme particulièrement beau. Il avait des cheveux roux, des yeux verts et l'air d'un ange. Il s'appelait Salman et était originaire de Homs, où il avait pillé une orfèvrerie et dépensé l'argent en une semaine.

Après le douloureux "hammam", deux prisonniers, sur un signe du tyran, entreprirent le beau jeune homme et feignirent de l'admirer d'avoir dépensé tant d'argent en une semaine avec des prostituées et au jeu. Le garçon se ranima et donna dans le panneau que lui tendaient les deux hypocrites. Il but de l'arak et fuma avec eux du haschisch. Trois heures plus tard, le pauvre garçon n'était plus qu'une épave balbutiante que les deux fils de pute remirent au tyran. Quand le malheureux revint à lui après le choc, il gisait sans défense enfoui sous le poids du monstre. Il pleura toute la nuit et criait : "Mère, aide-moi ! Mère !"

Le lendemain, le garçon resta silencieux toute la matinée. Plus tard, lors de la promenade dans la cour, il se rua sur les gardiens et tenta d'arracher à l'un d'eux son pistolet, mais un autre fut plus rapide et l'abattit. Les prisonniers dans ma cellule feignirent l'étonnement. Abou Chafra hocha la tête. Je savais pourquoi le garçon avait fait cela. Il cherchait la mort. Ce jour-là, je remerciai Dieu d'être aussi laid et couvert de cicatrices, car Abou Chafra n'avait pas envie de moi. J'étais un tas d'os sous une peau puante.

La fuite était impossible. La prison était tellement sûre qu'aucun détenu n'avait encore pu s'en échapper. Si je ne pouvais pas m'évader de la prison, je voulais au moins quitter cette maudite cellule, car entre-temps j'avais appris qu'au premier étage il y avait plusieurs cellules sèches et spacieuses, où les privilégiés pouvaient contre paiement être enfermés seuls ou avec un petit nombre de prisonniers distingués.

C'est à mon prestige que je dus finalement le salut. Avant même mon premier jour de cellule, le bruit s'était déjà répandu que je m'étais mis une fortune de côté en montant des escroqueries avec des roubles sans valeur. C'était indifférent à Abou Chafra, il n'avait aucun espoir de sortir un jour de prison. Il ne désirait qu'alléger sa détention en imposant sa volonté par le poing et le couteau à ses codétenus et en faisant d'eux ses esclaves. Soit dit en passant, il y était aidé par les gardiens, car avec des détenus brisés ils avaient moins de travail.

J'étais pauvre comme un gueux en prison, mais mon avenir – disait la rumeur – était doré. Même si Abou Chafra ne s'intéressait nullement à ma future richesse hors de la prison, les autres prisonniers, qui comptaient les jours jusqu'à leur libération, espéraient que je m'étais réellement mis de côté une montagne d'or avec le vendeur de roubles et qu'après mon temps de détention je serais un homme considéré.

Partout, on m'arrêtait pour me demander combien d'or j'avais à l'extérieur. Non seulement les codétenus de ma cellule, d'autres aussi, qui me voyaient pour la première fois lors d'un quelconque service à la cuisine, à la blanchisserie ou dans la cour, étaient au courant. "Tu es le Milad qui a de l'or. Avoue-le, je suis content pour toi !" me provoquaient-ils sans relâche. Il ne servait à rien de jurer que je n'avais pas tiré grand profit de l'argent russe, et que j'avais seulement pu ne pas mourir de faim pendant dix-neuf jours. "Allons, disaient aussi bien des gardiens que des prisonniers, tu as joué formidablement le crève-la-faim devant le tribunal, mais à nous tu peux bien dire la vérité."

Longtemps, je niai tout, jusqu'à ce qu'une nuit ma bêtise me sautât aux yeux. Il y allait de ma vie, et moi, idiot que j'étais, je craignais pour une bonne réputation qu'en fait je n'avais jamais eue. "Au diable !" m'écriai-je dans l'obscurité et je décidai de choisir la vie. Dès lors, je changeai de langage avec les gardiens et les détenus. "Vous verrez, je sortirai bientôt. Mon ami a des relations à Paris et à Londres", exagérai-je, et je parlai à quelques-uns, "sous le sceau du secret", des caisses pleines d'or que nous avions cachées. Cela fit merveille. Deux jours après avoir changé d'avis, je fus transféré dans une meilleure cellule et eus le droit de boire du thé avec les gardiens. Plusieurs détenus me chargèrent de commissions que je devais expédier dès que je serais sorti. Et quelques hommes forts s'offrirent à administrer une sévère leçon dans la cour à chacun de mes ennemis. Je songeai brièvement à faire donner une volée au giton Saba, pour me venger des douleurs qu'il m'avait méchamment infligées. Mais la raison l'emporta. Si je commençais à faire rosser des détenus pour mon compte, d'autres forces mauvaises deviendraient attentives et attenteraient finalement à ma vie.

Je renonçai donc à ma vengeance et gardai mes distances envers les détenus qui m'offraient leurs services. De jour en jour, leur nombre augmentait. Ils venaient tous me vendre un plan de fuite prétendument parfait, chimère aventureuse et danger mortel pour les prisonniers désespérés. Je refusai. “Mon ami, répliquai-je calmement, viendra bientôt me faire sortir au grand jour par la porte principale.”

Au bout d’une semaine environ, un répugnant officier, qui m’avait autrefois battu à chaque rencontre, commença à me faire la cour. Il était incroyablement gros et avait des yeux mieux faits pour un hippopotame que pour un être humain. Auparavant, à chacune de nos rencontres, il m’avait regardé de ses yeux aqueux et tranquilles et ensuite, sans crier gare, roué de coups presque jusqu’à la mort. Je pensai d’abord qu’il me haïssait parce que j’étais de Maaloula ou chrétien, mais j’appris bientôt qu’il faisait battre ainsi tout le monde, y compris Abou Chafra, pour impressionner. Au fond, c’était un poltron, ce qu’il cherchait à masquer par une double portion de violence.

Il avait sans doute été l’un des derniers à entendre parler de mon histoire et il était absolument persuadé que je possédais de l’or. Et comme me le dit un autre prisonnier, il projetait de s’enfuir en Amérique. Il y avait quelque chose de pas net dans sa vie, et il voulait disparaître de Damas où il était de moins en moins en sûreté. Un jour, il apparut dans ma cellule et ne me battit pas, mais demanda à voix basse : “Qu’est-ce que ça me rapportera, si je t’aide à t’enfuir ?

— Deux cents livres d’or”, répondis-je sèchement. Ainsi ce fils de pute pourrait acheter cinq billets de première classe pour l’Amérique.

“C’est trop peu. Cinq cents, exigea-t-il.

— Deux cents et pas une piastre de plus. J’ai appris hier que mon ami est en route pour Damas. Dans peu de temps, je sortirai de toute façon de ce trou. Soit dit en passant : devine un peu qui est son bon ami ?

— Qui donc ? demanda l'officier toujours souriant d'un air supérieur.

— Le maire, Houssni Bey", répondis-je hautain. En ce temps-là, je ne savais pas grand-chose de Houssni Bey. L'un des anciens prisonniers qui avaient partagé mon martyre dans la première cellule m'avait un jour chuchoté qu'Abou Chafra était ici aussi puissant que Houssni Bey à Damas. Quand je demandai qui était cet Houssni Bey, le vieux se mit à rire. "On voit bien que tu ne vis pas à Damas. C'est le maître absolu de la ville et il peut faire fusiller n'importe quel bourgeois, si puissant soit-il, ou inversement arracher au gibet un criminel condamné à mort."

Quand je mentionnai à présent le nom du maire, l'officier devint tout à fait silencieux et son visage tressaillit étrangement. Il fit un signe de tête affirmatif et s'en alla. Pendant la prochaine promenade dans la cour, trois sbires m'entourèrent et voulurent me faire avouer en me frappant où était caché l'or. "Même si je dois en mourir, je ne vous le dirai pas", criai-je sous leurs coups, jusqu'à ce qu'ils se fatiguent et me laissent en lambeaux. L'officier regardait toute l'opération par la fenêtre de son bureau.

Je savais que les sbires avaient été envoyés par lui et j'attendais sa prochaine visite.

Deux nuits plus tard, ce boucher arriva réellement et m'apporta un uniforme de gardien. "Enfile ça et attends que l'horloge sonne douze coups. Je viendrai te chercher." A minuit juste, il était là, et nous sortîmes ensemble d'un pas ferme par le grand portail.

"Où est l'or ? demanda-t-il quand nous fûmes dehors.

— Dans le cimetière chrétien de Damas, enterré entre deux cyprès", répondis-je. Le cimetière était assez éloigné de la prison, et le gros officier avait peur que je ne lui échappe dans les étroites ruelles de la vieille ville. Il réveilla donc un cocher qui dormait près de son coche et lui ordonna de nous conduire au cimetière. Le cocher était ivre, et quand il entendit le mot "cimetière", il pesta, car il n'aimait pas les courses de nuit et moins encore pour aller au cimetière. Je m'assis derrière lui et ris de sa mauvaise humeur. "On ne peut pas voir assez souvent une femme qu'on aime", raillais-je, mais il trouvait incompréhensible que l'on veuille rendre visite à des morts en pleine nuit. A la lisière de Damas, le brouillard, dans cette humide nuit de printemps, devint si épais que le cocher s'arrêtait sans cesse et se demandait à voix haute comment poursuivre son chemin. Je lui donnai des indications, et ainsi arrivâmes-nous finalement à la porte du grand cimetière. L'officier perdit son assurance quand le cocher lui dit qu'il n'attendrait pas une minute de plus. Je bondis hors de la voiture et poussai la porte de fer. Aujourd'hui encore, je me rappelle ce bruit qui pénétrait jusque dans la moelle des os.

"Attends !" cria l'officier en payant hâtivement et en jurant contre le cocher. "Ne fais pas de bêtises, sinon tu seras enterré ici !" m'avertit-il, il reprit haleine et tira son pistolet. Il faisait sombre et il y avait du brouillard, et nous trébuchions sur des branches et des pierres tombales renversées. "Lentement, pas si vite !" chuchotait l'officier derrière moi d'une voix de plus en plus basse.

Soudain, retentit un cri aigu, quelque chose se dressait devant nous. Mon Dieu ! J'en ai encore la chair de poule quand j'y pense. Mon sang se figea dans mes veines. "Fils de pute ! On n'est même pas tranquille parmi les morts !" siffla une voix horrible. Je me retournai lentement et je vis l'officier les mains en l'air. "Pi... tié ! Ause... se... cours !" bégayait-il en fixant des yeux la forme qui nous lançait force jurons.

Je me remis plus vite que lui de ma terreur. Le fantôme était un des pauvres mendiants qui cherchaient refuge la nuit dans le cimetière. En un éclair, je bondis et disparus dans l'obscurité. La nuit même, je me mis en chemin vers Maaloula.

★

CINQUIÈME NUIT

Comment Milad se trouva des affinités d'âme avec un pilleur de tombes

Quand j'arrivai à Maaloula, les habitants venaient juste de voir finir un siège de trois mois et avaient l'air plus pitoyables que moi. Je montai jusqu'à ma grotte.

Le souffle des enfants collait encore aux murs rocheux. Des nuits entières, je ne pus dormir tranquille. Mais, la cinquième nuit, la fée m'apparut. Elle était vêtue d'une robe noire, comme si elle portait le deuil des nombreux morts avec les femmes du village. "Tu as de la patience, Milad, et avec cette patience tu vaincras ta malchance", me consola-t-elle avant de disparaître.

Quand je m'éveillai, je regardai par l'ouverture et j'aperçus au loin un homme. Il faisait quelques pas, tournait vers la gauche, posait une pierre, puis encore quelques pas à droite et posait de nouveau une pierre. Je me hâtai vers lui. L'homme était français, parlait un mauvais araméen et avait la peau rouge comme un mouton bouilli. Je l'aidai tout le jour et lui demandai au coucher du soleil si je pourrais aussi travailler le lendemain avec lui.

Il était méfiant, mais il me fit creuser la terre pour lui. Il me donnait une piastre par jour, trop peu pour vivre, mais je ne voyais à l'horizon aucune autre possibilité de gagner de l'argent.

Quand un Maaloulien, qui revenait juste de Damas et avait notoirement commerce avec des créatures de l'ombre, me dit ensuite que j'étais recherché non seulement par la police, mais aussi par un certain Abou Chafra, je sus que l'officier avait libéré cet assassin pour qu'il me tuât. Je m'attendis au pire et décidai de ne plus quitter Maaloula. Ici, je mourrais de faim, mais c'était pour moi le lieu le plus sûr du monde. Ici, j'étais chez moi. Ici, je pouvais échapper non seulement à Abou Chafra, mais à toute patrouille de recherche.

Je restais toutefois sur mes gardes et je regardais attentivement tout étranger qui arrivait à Maaloula. Dix jours plus tard, le même informateur me dit que l'évasion de l'assassin Abou Chafra n'avait été que de courte durée. En état d'ébriété, il s'était pris de querelle dans une boîte de nuit avec un serveur qui voulait le jeter dehors et avait tué l'homme d'un coup de couteau. Je restai quand même à Maaloula, non seulement par peur de la police, mais parce que je me méfiais de mon informateur qui depuis peu m'offrait constamment des occasions de travail lucratif à Damas.

Je piochais donc le sol toute la journée, pelletais la terre et la passais, selon les instructions du Français, dans de petits tamis en fil de fer. Le soir, je devais encore faire la cuisine pour lui et aller chercher de l'eau, car l'homme ne voulait pas rester la nuit au monastère ou au village. Il craignait que les gens ne l'attaquent. Il me raconta qu'il avait déjà été attaqué trois fois dans le désert d'Arabie et pillé. Il dormait sous une tente misérable et je devais faire le guet devant l'entrée pour le protéger des voleurs. Je n'avais cure de sa peur et je dormais moi aussi. Pas besoin d'être très malin pour deviner que le Français était un pilleur de tombes.

Dès le premier jour, nous nous querellâmes. Il fut épouvanté quand je lui racontai que je m'étais défilé devant la guerre. Furieux, il me cria que c'était un honneur de mourir pour la patrie, je l'apprendrais un jour. Je lui dis que je ne voulais pas mourir, mais vivre. Je défendrais Maaloula comme ma mère, pour le reste, il pouvait aller au diable avec son amour de la patrie. Nous nous disputâmes violemment. J'étais entêté, et il ne tolérait pas la contradiction, pas même sur des points auxquels il n'entendait rien en réalité. Il parlait peu l'araméen et tout aussi mal l'arabe, mais il prétendait connaître Maaloula mieux que moi.

Sa manie de tout savoir mieux que tout le monde ne pouvait pas m'éloigner de lui. C'était un drôle d'original, et ces personnages m'attirent toujours particulièrement. La nuit, il lisait dans sa tente à la lumière d'une lampe à huile puante, et il pleurait. Jamais plus je n'ai revu un homme verser un tel fleuve de larmes sur un livre. Je pensais qu'il lisait une terrible tragédie et au bout d'un moment je lui posai la question, mais sa réponse me plongea dans un étonnement plus profond encore. “Je lis, dit-il, la même histoire depuis dix ans et depuis dix ans je pleure toujours au même passage.”

De temps en temps, il levait les yeux de son livre et regardait la photo d'une femme, posée près de la lampe à huile, et ensuite ses larmes redoublaient de violence.

“Qui est cette femme ? demandai-je.

— C'est la femme dont parle cette histoire”, répondit-il. Une nuit entière, je songeai à tout cela, et j'en conclus que ce devait être sa maîtresse.

“Aimes-tu cette femme ?” lui demandai-je, et j'ai toujours la certitude qu'il avait lui-même placé la question sur ma langue. Je sais que cela peut paraître fou, mais c'est ainsi. Toute ma vie j'ai été timide et je ne pouvais ni ne voulais interroger quelqu'un sur ses chagrins d'amour. Mais là, c'était comme s'il m'avait titillé jusqu'à faire sortir de moi la question, afin de pouvoir me raconter son incroyable histoire.

Non seulement aujourd'hui, mais de toute éternité aucun Arabe ne t'ouvrira son cœur jusqu'au tréfonds. Et quand un Arabe ouvre son cœur, il te laisse jeter un coup d'œil dans le salon, dans l'entrée ou le temple qu'il a édifié pour son amour, mais jamais dans la cave. Les Arabes composent des poèmes sur leur amour déçu pour ne pas parler de leurs blessures. Mais la poésie vient du cerveau, et si sauvage qu'elle se prétende, en comparaison avec la passion du cœur elle est comme un oiseau aux ailes rognées.

En écoutant le récit de l'homme, il me vint à l'esprit que des destinées aussi tragiques s'étaient déroulées dans mon entourage, mais que j'en avais su des fragments et jamais toute l'histoire. Nous n'avons pas appris à parler du plus intime de notre âme. Et si quelqu'un essaie un jour de communiquer ses plus profonds sentiments, nous ne sommes pas assez expérimentés pour ouvrir avec précaution une porte après l'autre : le volcan de notre for intérieur déverse d'un seul coup sa lave amoncelée et épouvante notre interlocuteur.

Il en allait autrement avec ce Français : d'un ton calme, en quelques phrases claires, il me parla de son malheur qui aurait suffi à tuer trois hommes. Ses larmes nocturnes le sauvaient. Il était devenu un habile dompteur de sa tristesse et pouvait raconter dix fois son histoire sans lancer ne fût-ce qu'une seule malédiction à ses tortionnaires.

Ma mère, en ses beaux jours, avait été une conteuse extraordinaire, mais avant qu'elle arrivât au cœur de l'affaire, les méchants se voyaient pourvus de cornes diaboliques et des ailes d'anges palpitaient dans le dos des bons. Ce Français parlait de lui comme s'il racontait le destin d'une personne totalement étrangère.

Sa bien-aimée, qu'il pleurait chaque nuit, vivait heureuse avec lui dans une petite ville du Sud de la France, jusqu'à ce qu'un jour apparût un aventurier avec lequel le Français se lia rapidement d'amitié. Il ne soupçonnait pas que l'autre allait suivre sa victime à la trace comme une bête de proie. Il ne s'était pas écoulé un mois, que l'aventurier séduisait la femme. Soudain, l'étroitesse de la petite ville lui fut insupportable et elle s'enfuit avec lui, abandonnant son époux à la risée du voisinage.

Au bout de deux ans, elle revint, dévastée et gravement malade. Le Français la reprit, la soigna et en fut récompensé par le mépris accru des parents et voisins. Un mal rongeait la chair de sa bien-aimée à partir des os, on chuchotait que cette maladie était mortelle et contagieuse. L'homme resta cependant à ses côtés jusqu'à ce qu'elle fût remise. Et alors l'aventurier réapparut et la femme lui tomba de nouveau dans les bras. Elle supplia son mari de l'aider et le pria de l'attacher sur son lit. Il le fit et la haït et se haït lui-même pour lui avoir obéi.

Bientôt, la vue de cette femme lui devint plus intolérable que son absence, car elle ne cessait pas de pleurer et de se lamenter. Alors, il détacha ses liens. La femme courut tout droit chez l'aventurier et disparut pour toujours avec lui. Le lendemain, le Français partit pour l'Orient. Il passa six ans en Egypte et y acheta de très vieilles cartes où étaient prétendument indiqués les caveaux funéraires situés autour de Maaloula. Et ainsi avait-il échoué dans mon village.

"Et qui a ensuite écrit cette histoire ? demandai-je la gorge sèche.

— Moi", répondit-il. Pourtant, si étrange que fût son aventure, elle m'émut moins que ces quelques mots prononcés à voix basse dans le silence de la nuit. "Qui sentira maintenant pour elle ? La pauvre n'a pas d'odorat, chuchota-t-il, l'aventurier peut être un amant infatigable, mais il n'a pas l'odorat fin. Je le connais. Il ne sait même pas distinguer les roses des œillets." Il hochait tristement la tête et en cet instant je le pris en affection. Pourquoi ? C'est toute une histoire.

Je n'avais pas dix ans, lorsqu'un matin de bonne heure je découvris les parfums. Ce fut à vrai dire un seul parfum qui m'ouvrit la porte en cette heure matinale : l'odeur du jasmin qui montait vers notre premier étage depuis la cour intérieure, chargée d'une masse de petites fleurs blanches. Je fus étonné comme si je n'avais jamais encore senti aucune fragrance et j'allai doucement de ma chambre vers les pots de fleurs où ma mère faisait pousser des roses, des œillets et du basilic. C'était à la fois un enchantement et une épouvante. Ce matin-là, je compris pour la première fois la tristesse de ma mère : elle aimait tellement les fleurs, mais ne possédait plus d'odorat. Depuis une maladie mystérieuse contractée dans son enfance, elle ne pouvait plus rien sentir.

Voisins et parents n'apprirent jamais cette perte tellement insupportable pour elle. Ma mère observait son entourage et imitait les autres. Quand les gens fronçaient le nez, elle faisait comme eux, parce que la plupart du temps cela signifiait qu'il y avait une mauvaise odeur quelque part ; à l'inverse, elle s'exclamait d'admiration quand les autres louaient l'odeur appétissante qui sortait d'une cuisine, d'une maison ou d'un restaurant. Et voilà pourquoi je ne découvris que très tard son infirmité. Encore fût-ce seulement par hasard. Je sortais de chez le coiffeur, irrité parce que celui-ci m'avait généreusement aspergé d'un parfum bon marché. Mes parents étaient à la maison, buvant leur thé à la menthe quand j'entrai en pestant et m'assis à côté de ma mère : "Ce grigou, dis-je indigné, mélange l'urine de sa chienne avec de l'eau et nous la verse sur la tête." Ma mère rit et avant qu'elle pût se méfier elle tomba dans le piège. Elle voulut me consoler, prit ma tête dans ses mains, respira profondément et déclara avec un enthousiasme forcé : "C'est un parfum cher. Tu verras, il te plaira bientôt et tes amis pâliront d'envie quand les femmes te feront les yeux doux à cause de ce parfum", dit-elle. Mon père, que les parfums n'intéressaient pas en général, manifesta soudain de la curiosité. Il me pria de m'approcher, mais après avoir respiré une seule fois il s'écria épouvanté : "Mon Dieu, mon garçon, lave-toi tout de suite la tête ! Cela sent réellement l'urine !

— Mais ma mère… dis-je, offensé et déconcerté à la fois.

— Ta mère n'a pas d'odorat, elle ne peut rien sentir, mon garçon. Elle triche !"

Elle devint rouge et même cramoisie, puis sourit avec embarras. "C'est vrai", dit-elle. Je dois honnêtement dire qu'en cet instant je ne compris pas ce que cela signifiait, ne pas avoir d'odorat. Mais bientôt je découvris que ce manque était pour ma mère une profonde blessure, car elle avait aimé les parfums des fleurs, des herbes et des épices. Longtemps, elle espéra qu'un miracle la guérirait. Comme cela ne venait pas, elle décida de donner vie à son nez à sa manière. Ainsi me demanda-t-elle un jour si je ne pouvais pas sentir le monde pour elle. J'en fus heureux et je commençai à lui parler des odeurs.

Les parfums sont fugitifs et à vrai dire on ne peut pas les capter avec des mots. Elle le savait, et pourtant elle voulut plus tard en reconquérir un peu avec mon aide. Et je l'accompagnais à travers le monde et lui traduisais parfum après parfum en termes de sensation et de goût. Quand je décrivais un parfum comme un mélange d'eau de rose sur la langue et de velours sur la peau, cela nous faisait rire aux éclats.

Ainsi, avec l'aide de sa langue et de ses doigts, ma mère put identifier les parfums du monde.

Plus tard aussi, quand elle fut tombée dans les griffes de mon beau-père, elle parvenait à m'égayer en me demandant : “Eh bien, Milad, qu'est-ce que je sens aujourd'hui ?” Alors je riais, bien que j'eusse faim et que tout mon corps fût endolori par les coups que j'avais reçus, et je répondais : “Comme une olive pas mûre sur la langue : âpre et amère, coriace et pourtant fine.”

Ce Français réveillait tous mes souvenirs de ma mère et bien qu'il ne fût au fond qu'un misérable pilleur de tombes, je me sentais avec lui des affinités d'âme.

J'étais exactement comme lui. Autrefois, tandis que je fuyais mon beau-père et la mort par famine, une pensée m'obsédait : “Qui sentira maintenant les parfums pour ma mère ?” Et lui, dont la vie avait été ravagée par les aventures de sa femme, il emportait avec lui, à des milliers de kilomètres de sa terre natale, le même chagrin que moi.

Cette nuit-là, je lui parlai de ma mère et lui dis que j'avais moi aussi senti les odeurs pour elle. Et tout à coup la glace fut rompue. Il n'était plus le Français, mais mon frère Edgar, et il ne m'appelait plus le Maaloulien, mais *"mon ami Milad** ". Et je décidai de l'aider.

Depuis deux mois, il cherchait des trésors autour de Maaloula, mais jusqu'à présent il n'avait découvert que deux tombes qui avaient déjà été pillées. Autrefois, le sol de Maaloula était plein d'argent et d'or, mais entre-temps on l'avait déjà retourné cent fois. Il y a toujours des trésors, de plus grands, même, que ceux qui ont été exhumés, mais on ne les exhume pas aussi facilement. Les anciens n'étaient pas bêtes. Ils éparpillaient de petits morceaux à la surface pour les pilleurs de tombes, mais les vrais trésors sont profondément enfouis sous la terre. Jusqu'à ce jour, Edgar n'avait rien trouvé et cela l'irritait, car il avait payé ses cartes très cher.

Edgar était de jour en jour plus déprimé et je me fis bientôt du souci pour lui. Il jeûnait, je l'imitais par crainte et pitié, et cela au milieu de l'été. Chaque nuit, il restait à genoux pendant des heures et priait. Mais ni ses prières ni ses cartes ne lui rapportèrent quelque chose. Soudain, je compris que ce n'était pas ma fée qui nous avait réunis, mais une autre, qui voulait le sauver.

Un jour, je courus au village et cherchai un vieux parent, un oncle lointain de mon père. Il était berger et on racontait que des années

* En français dans le texte. *(N.d.T.)*

auparavant, en poursuivant une chèvre égarée dans une caverne, il avait trouvé à côté de quelques pièces d'or l'indication de trésors cachés. Le gouverneur d'une ville voisine avait alors eu vent de l'affaire et fait torturer le berger jusqu'à ce que sa victime en perdît l'usage d'une main. Mais il n'a rien appris.

Je racontai au vieil homme qu'Edgar était en danger de mort s'il ne trouvait rien, et que je devais donc l'aider. Le vieux berger, un homme de haute taille avec une énorme moustache blanche, me regarda et secoua la tête. Il tendit hors de sa manche sa main paralysée. "Tu n'aideras pas ton Français, tu attireras le malheur sur toi et sur lui, répliqua-t-il. L'or qui a été enfoui ici est maudit et souillé de sang. C'est écrit. Dès qu'il est arraché au sol, il attire de très loin les buveurs de sang." Je cherchai longtemps à le convaincre, pleurai et suppliai jusqu'à ce qu'enfin il cédât. Il prit la Bible et me fit jurer de ne révéler à personne, tant que je vivrais, d'où je tenais mon savoir. Je jurai, et le vieil homme alla vers un grand vase d'argile où était entreposé du blé, y plongea la main et en tira une tablette de pierre qui portait d'étranges caractères d'écriture.

"Voici, c'est le chemin de l'or, dit-il en me tendant la tablette, et si vous trouvez quelque chose, donnez-en un tiers au monastère de Saint-Serge. Et écoute encore ceci, mon garçon : ne reviens jamais plus chez moi, compris ?"

Je fis un signe de tête affirmatif, fourrai la tablette dans un sac de jute et m'enfuis, dans l'espoir de pouvoir sauver Edgar. Mais les choses tournèrent autrement.

Edgar put déchiffrer l'écriture et nous découvrîmes bientôt une tombe. Le butin était petit, mais dans la tombe il trouva des indications sur d'autres cachettes et ainsi continuâmes-nous à nous forer un chemin sous la terre.

Nous étions à présent de bons amis. Nous mangions ensemble et nous racontions nos vies dans la nuit. "Dieu t'a envoyé à moi, dit-il dès la première trouvaille, et le soir le repas fut copieux. Va chercher des aubergines et des courgettes, de la viande et du vin", cria-t-il enthousiasmé.

Pendant onze jours, je ne souffris pas de la faim, car Edgar trouva le sixième jour une caisse avec plus de deux cents pièces d'or, et il était comme transfiguré de bonheur. Désormais, il parlait moins de sa femme et plus souvent de son rêve de vivre en Orient en monsieur aisé, avec harem et serviteurs, et je me voyais déjà tout près de mon trésor. La même nuit, je portai un tiers de notre trouvaille au monastère de Saint-Serge. En chemin, j'eus un instant la tentation de garder quelques pièces pour moi, afin de manger à ma faim pendant les quelques jours qui me séparaient encore de mon trésor, mais je craignis la colère du saint. Et je suppliai les deux protecteurs de Maaloula, sainte Takla et saint Serge, de m'épargner les mauvaises surprises. Je m'en souviens : après avoir remis les pièces et avant de prendre le chemin du retour, profondément ému par les remerciements de l'abbé, je m'arrêtai devant le portail bas du monastère. La nuit était silencieuse et j'élevai mes regards vers le ciel étoilé. "Ce n'est pourtant pas beaucoup demander à deux grands saints, d'aider une pauvre âme à manger à sa faim pendant dix ou quinze jours encore", leur dis-je d'un ton confiant, voire même quelque peu insistant, comme si j'étais leur ami intime.

Mais Salomon le Sage dit : "Il y a un temps pour tout", et le mien n'était pas encore venu. Edgar avait commencé à rêver beaucoup trop tôt, et je sais aujourd'hui que l'histoire de l'or souillé, racontée par le vieux berger, n'était pas inventée.

Le douzième jour, à l'aube, nous fûmes arrachés au sommeil par des soldats qui nous frappèrent sans ménagement. C'étaient de grands Sénégalais qui servaient dans l'armée française. Tout alla très vite, et ce fut seulement au poste de police que nous apprîmes pourquoi nous avions été maltraités. Il faut que tu saches qu'à ce moment-là les Français étaient déjà entrés dans Damas et qu'ils occupaient la ville à la place des Ottomans.

Un autre Français avait été autorisé, par la plus haute instance de Paris, à chercher des trésors datant de l'Antiquité grecque, et précisément sur le territoire où nous creusions. Edgar n'avait pas d'autorisation, on lui prit donc l'or, les plans et la tablette. Et pour sauver au moins sa peau, il me trahit. Soudain il ne parla plus avec moi, mais seulement avec l'officier et en français, et je devinai ce qui se passait, même sans comprendre un seul mot, quand ils se mirent à plaisanter tous les deux. Quand l'officier se leva et alla vers la porte pour commander de la limonade, je demandai à Edgar en araméen : "Tu m'as trahi, n'est-ce pas ?" Il ne répondit pas, et dans ses yeux il ne restait plus une seule étincelle de mon frère Edgar. Il était de nouveau le Français dont un grand abîme me séparait. Ensuite, il s'éloigna aussi physiquement, se mit à la fenêtre et regarda au-dehors. Peu après, il but sa limonade et prit congé de l'officier, quitta la pièce et m'abandonna au pilleur de tombes muni de la bénédiction officielle, qui me fit fouetter par deux soldats. L'interprète, un étudiant syrien, répétait toujours la même question : “D’où tiens-tu la tablette ?” Je pleurais et jurais par tous les saints que je l’avais trouvée, mais ils voulaient un nom. Des jours durant, ils me frappèrent, mais je niais obstinément. Regarde mon dos, toutes ces cicatrices viennent de ces jours-là. Au bout d’une semaine, l’interprète me dit : “Pauvre chien, ils vont t’envoyer à Palmyre, et tu y resteras jusqu’à ce que tu sois changé en viande sèche dans le désert, ou que tu vides ton sac.”

Jamais auparavant je n’avais entendu parler de cette prison, qui d’ailleurs est utilisée encore aujourd’hui pour de grands criminels et des adversaires politiques. Le lendemain, un groupe de soldats en armes m’y conduisit.

Je m’étais préparé à un nouvel enfer, mais ce que je trouvai là était une communauté d’élégants prisonniers et de gardiens peu sûrs. Les détenus étaient des gens influents que les Français avaient fait enfermer peu après leur entrée dans la ville, parce qu’ils craignaient une rébellion. Les gardiens étaient tous syriens, des fils de paysans et de pauvres types des villes, qui quelques jours auparavant avaient servi auprès des Ottomans dans la police municipale et l’armée. Ensuite, les Français les avaient brusquement envoyés dans le désert à Palmyre. Le désert les épouvantait, ils étaient à sa merci. Qu’un prisonnier fût libéré ou parvînt à s’enfuir, les gardiens restaient plus immobiles que les pierres dans le mur. Les Bédouins étaient capables d’inventer les châtiments les plus cruels et toutes les humiliations concevables, mais une prison, jamais. Les nomades ne connaissent pas cela. Une prison dans le désert leur semblait un crime contre la nature. Et voilà que les citadins, français ou arabes, qui haïssaient le désert, avaient l’idée d'enfermer leurs prisonniers non seulement derrière un mur, mais encore dans le sable infini et brûlant et toutes les visions de la faim et de la soif. Les gardiens n'aimaient pas cela, en outre ils craignaient leurs prisonniers depuis qu'ils avaient entendu parler de leur influence. Car tous savaient que l'occupation française ne durerait pas éternellement. Dans ma cellule, il y avait deux futurs ministres et le futur premier président du Parlement de Syrie après l'indépendance. Ce dernier était un drôle d'oiseau. Il se promenait avec une chemise amidonnée, dont les plis du col étaient plus tranchants que des couteaux, et il portait des cravates. Il avait étudié cinq ans en France. Au fond, il aimait les Français, mais il était trop ambitieux pour eux. Je n'oublierai jamais cet homme. Au milieu du désert, il menait la même vie que dans son palais de Damas. Il ignorait la prison, parlait de théâtre et de musique et quand quelque chose l'amusait, ce n'étaient pas des salves de rire qui sortaient de sa bouche, mais un rire qui allait tranquillement se promener avec canne et cravate. Il traitait les gardiens avec une hauteur paternelle et leur donnait des pourboires.

Il ne fallut pas trois mois à ce groupe d'hommes cultivés pour retourner les gardiens, les soudoyer et prendre la fuite avec eux. Ce fut la plus grande évasion de l'histoire d'Arabie : en une nuit, plus de cinquante fonctionnaires disparurent, depuis le simple gardien jusqu'au directeur de la prison, et avec eux plus de mille prisonniers. Quand l'armée française arriva de Damas avec des tanks, elle ne trouva plus âme qui vive dans les cellules.

Depuis ce temps-là, tous les gouvernements n'ont plus placé dans cette prison que les gardiens les plus endurcis.

Nombre de détenus s'enfuirent en Irak, en Jordanie, en Palestine ou chez les Druses dans le Sud. Je pris aussitôt le chemin de chez moi. Avec l'aide de nomades et habillé comme eux, j'atteignis la belle ville de Homs et de là partis à pied vers Maaloula.

Quand je m'endormis dans ma grotte, la fée m'apparut. Elle était nue et j'eus envie de ses doux bras, mais j'avais beau tendre la main vers eux, je ne pus jamais les toucher. Elle reculait de plus en plus, elle ne riait ni ne pleurait. Elle me regardait avec volupté et répétait toujours les mots : "Aie patience, mon Milad, aie patience, le trésor te tombera dans les mains. Tu seras aussi riche dans ton cœur que les papillons en couleurs. Et ensuite je serai ton amante", chuchota-t-elle en s'évanouissant dans l'air. Soudain je trébuchai et tombai sur le sol ; mais alors j'étais déjà réveillé. Que la grand-mère du diable m'emporte si je n'obtenais pas le trésor.

★

SIXIÈME NUIT

Comment Milad découvrit la morale au bordel

Le désir que m'avait inspiré la fée ramena la vie dans mon corps décharné et la faim d'amour me tortura plus que la faim de pain. Mais quelle femme se lierait avec un pauvre diable comme moi ?

Au commencement, Dieu divisa avec prudence les êtres humains en un nombre égal de femmes et d'hommes. Cet équilibre, comme tout ce qui est divin, était extrêmement fragile. Quelques hommes riches dans un même village suffisaient déjà pour faire des femmes une minorité, objet d'un dur combat. Selon son pouvoir et sa richesse, un seul individu enfermait jusqu'à cent femmes dans son harem, et même le dernier des forbans qui commandait sur quelques tueurs pouvait s'offrir cinq femmes. Ainsi s'effondra la juste répartition des femmes et des hommes. Souvent, pour trois hommes il ne resta plus qu'une seule femme libre et apte au mariage, et pourtant elle n'avait le droit de partager son lit qu'avec un seul d'entre eux. Et les deux autres ? Ils n'avaient qu'à faire mariner leur pénis dans de d'huile d'olive avec de l'ail et des rondelles de citron – ce qui vaut toujours mieux que de le laisser pendre le jour entre leurs jambes et endurer la nuit un martyre de solitude.

Trois nuits de suite, la fée m'apparut, nue et belle, et m'ôta le sommeil. Puis j'eus soudain une idée qui me permettrait peut-être d'apaiser ma faim d'amour et en même temps de manger en suffisance. Aussitôt, je me mis en chemin vers Damas. Car il y avait là, dans les années vingt, l'un des plus beaux bordels du monde.

A peine fonctionnait-il depuis cinq ans, et pourtant on recommandait déjà à chaque voyageur d'aller chez Sultana à Damas. Sultana, la mère maquerelle, était à cette époque l'une des personnes les plus puissantes de la ville.

Je voulus me rendre là pour assouvir ma faim pendant vingt et un jours, trouver un peu d'amour et ensuite revenir vers ma fée. Pour atteindre mon but, il fallait seulement que j'invente un moyen d'entrer au bordel. Je ne devais en aucun cas m'y présenter comme un mendiant, car la police ne les chassait nulle part plus brutalement que devant un bordel. Voleurs, souteneurs et autres criminels étaient les bienvenus tant qu'ils payaient, mais les mendiants importunaient les visiteurs.

Je décidai de jouer les messieurs distingués. Pour cela, il est vrai, je devais me procurer un peu d'argent. Je me plaçai donc, déguisé en mendiant aveugle, près de la grande mosquée des Omeyades à Damas et je chantai aux croyants des poèmes attendrissants. En quelques heures, j'eus récolté assez d'argent. Il n'était pourtant pas tombé que de l'argent dans mon assiette. Des boutons jusqu'aux mégots, j'y trouvai de tout, quelqu'un y avait même déposé un magnifique morceau de haschisch. Mais l'argent suffisait pour un bain minutieux et un superbe repas. Avec un peu de parcimonie, j'aurais même pu manger à ma faim pendant plusieurs jours, mais j'aurais dû alors renoncer à l'idée du bordel. Entre-temps, cette pensée avait complètement envahi ma tête et mon corps. Et tandis que j'étais là, mimant l'aveugle, mon regard tomba sur les souliers que les croyants devaient ôter avant d'entrer dans la mosquée. Personne n'oserait jamais les voler, à moins de s'appeler Milad et de vouloir absolument entrer dans un bordel célèbre. Je choisis les souliers les plus chers et les mis. Etrangement, seul un mendiant remarqua mon méfait, un homme répugnant, originaire de Hauran, qui avait perdu ses jambes à la guerre. Ce jour-là, il m'enviait, parce qu'il ne ramassait pas une piastre. Il était de mauvaise humeur et, selon les lois du métier, hurlait aux passants d'avoir la bonté de secourir un honnête patriote. Ce mendiant remarqua ma filouterie et quand je pris les souliers il se mit à brailler comme un fou. "Au voleur ! Arrêtez-le, tas de cons. Il vous a pris votre argent et maintenant il pique aussi les souliers !"

Moi, je m'enfonçai dans le bazar, l'âme en paix, et au bout de quelques pas je ris de son accès de rage. Les souliers étaient un peu trop grands, mais quelques mètres plus loin je trouvai un journal et en bourrai les extrémités. Ils m'allaient comme si on les avait moulés exprès, et je me dirigeai en hâte vers l'un des plus beaux bains de vapeur de Damas. Il n'était pas très éloigné de la mosquée. Arrivé au bain, je guettai près de l'entrée jusqu'à ce qu'un groupe d'hommes distingués entrât dans le hammam. Je me mêlai à eux, payai et pris serviettes et savon. Le maître baigneur était occupé à l'intérieur du hammam et le jeune gars qui tenait la caisse avait la tête à l'envers. Je repérai un homme de ma taille qui ôtait un costume blanc merveilleusement beau. Je notai l'endroit où le jeune garçon de bain accrochait le costume et allai me déshabiller. Puis je revins enveloppé dans une serviette – j'avais jeté mes guenilles dans la poubelle –, je confiai mes souliers au jeune homme et le priai de les poser près du costume blanc et de surveiller mes vêtements. Je lui donnai une piastre et demandai en plaisantant : "Eh bien, quels sont le costume et les souliers qui m'appartiennent ?

— Ah, généreux monsieur ! Je ne suis qu'un pauvre garçon, mais je ne suis pas bête. Naturellement, c'est le costume blanc et les merveilleux souliers marron qui vous appartiennent. Sont-ils en peau de serpent ?" Il poussa un peu de côté les souliers noirs du vrai propriétaire.

"Non, mon garçon, ils sont en crocodile", répondis-je. Je me baignai vite, me fis masser et raser pour deux piastres et sortis à la fin du bain de vapeur comme un monsieur de grande famille. Mon pourboire eût persuadé radicalement tout maître baigneur de ma noble origine, et l'on m'accompagna jusqu'à la porte avec une extrême politesse.

Quelques mètres plus loin, je plongeai la main dans la poche intérieure du costume et me figeai sur place. Mes doigts ne palpaient pas seulement une bourse rebondie, mais aussi quelque chose de dur sous l'étoffe. Je cherchai vite un coin tranquille et examinai attentivement la veste. Ma bouche se dessécha de terreur. Toute la doublure de la veste était pleine de pièces d'or – anglaises, françaises, allemandes et russes, et chacune était enclose dans un minuscule sachet, si exactement ajusté par un tailleur de génie, que les monnaies ne pouvaient pas tomber même si l'on secouait ou jetait la veste. C'est alors seulement que je remarquai son poids inhabituel. Alors je sus que le noble monsieur à qui appartenait le costume n'était rien moins qu'honorable. Je ne ressentis tout à coup plus aucun remords, mais en revanche une peur terrible. Aussi me hâtai-je d'acheter une valise et un nouveau costume. Et ce fut seulement lorsque, la valise à la main, je sortis de chez le tailleur, que la peur me quitta. Si j'avais été malin, je serais aussitôt revenu à Maaloula et je me serais régalé pendant vingt et un jours des mets les plus délicats. Mais je jetai au vent toute raison, le diable m'attirait tout droit dans le bordel. J'achetai les sous-vêtements les plus chers, des mouchoirs fins, des chaussettes anglaises et beaucoup de petits flacons avec du parfum français pour les femmes, entassai tout cela dans la valise et me mis en chemin.

Au bordel, je laissai ma valise au portier et autorisai son œil perçant à jeter un regard dans mon gros portefeuille.

“A la plus belle femme de toutes ! dis-je d'un air hautain.

— Alors va voir Nariman, monsieur. C'est la plus belle femme d'Arabie. Mais il faut que tu t'arranges avec Sultana, car elle est la maîtresse et propriétaire de Nariman.”

Je le suivis, orgueilleux comme un paon.

Par le portail, on avait un aperçu du jardin qui formait la cour intérieure de la maison, un bâtiment carré de pierre blanche à un étage. J'entendais clapoter un jet d'eau et quelqu'un jouer du luth. Mon cœur bondissait d'impatience comme s'il voulait arriver avant moi au bordel.

Pour atteindre l'intérieur de la maison, on prenait à droite après le portail, où deux policiers regardaient avec méfiance tous ceux qui s'approchaient. Le portier, devenu en quelques secondes mon dévoué serviteur, chuchota à voix distincte : "Un grand marchand de parfum."

Je ne sais toujours pas comment il en était arrivé à cette conclusion, mais je trouvai que l'idée n'était pas mauvaise et décidai de maintenir cette fiction au bordel. Les policiers s'inclinèrent quand je leur fourrai dans la main trois piastres chacun – plus qu'ils ne gagnaient alors en toute une journée.

"L'année dernière, il y a eu une attaque de bandits, et la maîtresse a eu son premier infarctus, m'expliqua le portier quelques pas plus loin. Depuis lors, la maison est gardée vingt-quatre heures sur vingt-quatre."

Nous marchâmes lentement le long du couloir, à droite étaient les chambres des prostituées, à gauche le couloir était séparé du jardin par une rampe. Le portier dit quelques mots derrière une porte. Elle s'entrebâilla brièvement, pour se refermer de nouveau sans bruit.

Au rez-de-chaussée, attendaient plus de trente prostituées qui demandaient des prix moyens et bas. Des filles qui n'avaient pas de client pour le moment restaient debout ou assises partout dans le couloir, et riaient, fumaient leur narghilé ou regardaient fixement le jardin par-dessus la balustrade en bois.

A peu près au milieu de l'aile ouest, un escalier conduisait au premier étage, où se trouvait le salon pour les clients distingués. Là n'habitaient que dix prostituées, la propriétaire du bordel Sultana et sa servante noire Rihana. Deux chambres somptueusement aménagées étaient à la disposition des riches clients qui voulaient rester longtemps au bordel. Elles coûtaient toutefois si cher qu'elles étaient rarement occupées, sinon par des diplomates étrangers. En règle générale, elles restaient vides. J'appris tout cela et plus encore avant d'entrer dans le salon, conduit par le portier.

Sultana était un personnage extrêmement imposant. Elle était si grosse que sa peau menaçait d'éclater sous la pression des masses de chair. Et pourtant elle était d'une beauté impressionnante, puissante comme un paysage que l'on admire de loin, mais que l'on ne voudrait jamais avoir entre ses quatre murs. Quand elle m'aperçut, elle rit. Un rire omniscient, je te le dis, et qui me fit mollir les genoux. Le portier lui chuchota quelque chose.

"Naturellement ! Naturellement, un marchand de parfum, on le voit tout de suite ! J'aime les marchands de parfum." Elle éclata de nouveau d'un rire sonore et renvoya le portier. Tandis que celui-ci prenait la piastre que je lui glissai, me baisait la main avec un dévouement servile avant de s'éclipser, elle fit apporter deux limonades.

"C'est bon, mon cœur, allons-y pour le marchand de parfum ! Veux-tu être choyé pendant une nuit ou plusieurs ?

— Je resterai exactement trois semaines. J'ai entendu dire que l'on peut aussi habiter chez toi", dis-je avec assurance comme si je n'avais pas entendu qu'elle mettait en doute mon identité.

"As-tu zigouillé quelqu'un ?

— Non, répondis-je sèchement.

— As-tu cambriolé quelque part ? Je ne veux pas d'ennuis…

— Ecoute-moi maintenant, explosai-je, ton bordel se change lentement en tribunal. Je suis venu pour mon plaisir et non pour subir un interrogatoire. J'ai hérité de mon oncle, et parce que ce chien – que Dieu brûle son âme – n'a fait que me torturer durant sa vie, j'ai juré de laisser chez les prostituées, après sa mort, son argent durement gagné et épargné avec avarice." Je ne sais toujours pas où j'ai pris cette histoire, mais Sultana fut impressionnée et me témoigna désormais du respect.

La pièce où elle me conduisit était au premier étage et meublée comme la chambre à coucher d'un roi, avec du velours rouge, des tapis et des miroirs. De la grande fenêtre, on avait une vue magnifique sur le fleuve qui, bordé de peupliers, serpentait à travers le paysage.

La chambre coûtait une fortune. Mais cela ne me dérangeait pas. Je versai à Sultana toute la somme d'avance pour les trois semaines ; la mère maquerelle jubilait et me pria de lui faire l'honneur de prendre mes repas avec elle dans le salon pendant mon séjour.

Dès le premier soir, je demandai à Sultana d'inviter toutes les prostituées à un repas de fête. Je voulais choisir moi-même la femme qui devait partager avec moi ces vingt et un jours.

Quand Nariman entra dans le salon, c'en fut fait de moi. Elle portait avec raison le nom de "perle de la maison". Je te le dis, ni avant ni après je n'ai jamais vu une telle beauté.

Et Nariman n'était pas seulement belle. Quand elle entrait dans une pièce, les gens rayonnaient de joie. Les autres femmes de la maison aussi, et même surtout, l'aimaient. Il en va chez les prostituées comme dans chaque corporation ; qui a du succès est envié, mais pas aimé. La plupart des prostituées ne toléraient pas que leurs concurrentes ne gagnent ne fût-ce qu'une piastre de plus qu'elles. A Nariman seule, elles passaient tout, et sais-tu pourquoi ? Parce qu'elle était spirituelle et généreuse. Elle gagnait en un jour autant que d'autres prostituées en dix, et dépensait son argent des deux mains pour offrir des cadeaux et faire des dons aux prostituées nécessiteuses, si bien qu'elle ne s'endormait pas un seul soir sans avoir fait des dettes.

Et quel bonheur ! Nariman, devant la chambre de laquelle les hommes attendaient en longues files, trouva son plaisir avec moi. Elle riait et pleurait dans mes bras, et hormis du parfum, elle ne voulut rien avoir de moi. J'éteignais ses dettes en secret et me faisais ainsi copieusement rouler par les autres prostituées, car elles savaient que pour Nariman je paierais tout. Mais cela m'était indifférent, car j'avais alors de l'argent plus qu'en suffisance.

La première nuit, Nariman vint me rejoindre peu avant minuit. Ce jour-là, elle avait déjà expédié plus de vingt hommes. Elle se baigna, se parfuma et revêtit une robe qui me coupa le souffle. Je nous fis servir une foule de pâtisseries raffinées, une bouteille de vin rouge et un narghilé. Nariman s'étendit sur le sofa, je restai à table, la regardai alternativement elle et les nombreuses friandises à la lueur vacillante des bougies, et je m'exclamai : "Je suis certainement mort, et voici le paradis.

— Non, sois plutôt en vie. Je ne couche pas volontiers avec des cadavres, rit-elle.

— Quoi ? N'as-tu pas eu assez d'hommes aujourd'hui ?

— Du travail, j'en ai eu plus qu'assez, mais tu es pour moi le dessert, la joie que j'ai appelée de mes vœux toute la soirée. Je suis tombée amoureuse de toi au premier regard, dès que je t'ai vu aller chez *Madame** Sultana avec le portier. Viens."

* En français dans le texte. *(N.d.T.)*

Elle se déshabilla, et j'attrapai le hoquet devant tant de beauté. Je souhaitai avoir trois cents mains et autant de lèvres pour caresser et cajoler tout ce qui s'étirait sur le sofa. Mais comme je n'en possédais qu'une paire, je fus trop pressé, ce dont Nariman s'amusa. L'acte d'amour fut terminé en quelques secondes. Mais qu'est-ce que cela veut dire, terminé ? Rien n'était terminé. Un sommet d'extase chassait l'autre, et à un moment, peut-être au quatrième, la veine du plaisir gonfla aussi chez Nariman. Elle devint sauvage, et nous nous déchaînâmes tellement que la chambre menaça d'éclater.

Nous nous retrouvâmes épuisés sur le sol et Nariman rit. "J'ai su dès le premier instant que tu es un type formidable et qu'avec toi l'amour pénètre jusqu'aux os."

Je l'embrassai sur le front. "Vois-tu, dis-je, et je ne sais toujours pas d'où m'est venue cette idée qui devait me donner encore de nombreuses heures d'un bonheur de rêve, je suis originaire d'une famille qui depuis la nuit des temps souffre de faim sexuelle. Nous avons le droit d'engendrer des enfants, mais tout plaisir nous est interdit. Quand je t'ai vue ce soir, j'ai eu soudain le sentiment de pouvoir remplir avec toi tous ces vases demeurés vides dans mon histoire."

Ce mensonge plut à Nariman, et elle continua à en tisser les fils. "Bon, dit-elle, quand tu m'as avalée en hâte, nous avons commencé par les ancêtres de ta lignée, qui mangeaient encore de la viande crue, et lors du dernier merveilleux jeu d'amour nous avons atteint l'époque où tes ancêtres bâtirent les premières maisons, mettaient des vêtements et commençaient à parler."

Un jeu insensé était né. J'embrassai ses orteils et son ventre, ses épaules et son cou. Et pour la première fois de ma vie je m'endormis au milieu des baisers, rassasié et comblé d'amour. J'ai rarement dormi aussi solidement et profondément que cette nuit-là. Quand je m'éveillai le lendemain, la matinée était déjà avancée. Il y avait une grande activité dans la maison. Cinq hommes environ attendaient devant la porte de Nariman et plaisantaient sur les prostituées et les souteneurs. Je m'arrêtai un moment, regardai le jardin au-dehors et écoutai sans me faire remarquer les louanges qu'ils adressaient à la beauté de Nariman.

La servante de Sultana, la noire Rihana, préparait justement le petit déjeuner pour moi et sa maîtresse quand j'entrai. Je humai avec plaisir l'odeur du beurre fondu et des pignons grillés, qui grésillèrent bientôt sur l'assiette avec de l'*hoummos*, la purée de pois chiches.

"Bonjour, la voix de Sultana s'éleva derrière le grand rideau. Je suis presque morte de faim, ajouta-t-elle d'un ton de léger reproche, mais je ne voulais pas commencer sans toi." Ensuite elle apparut, tenant une boîte pleine de clous et un marteau. Ses cheveux étaient un peu dérangés parce qu'elle avait fouillé derrière le rideau.

"Il faut que je fasse tout moi-même, se plaignit-elle en arrangeant sa crinière. Rihana, voilà les clous. Prends-les et donne-les à ce flemmard de portier. Qu'il se dépêche."

Rihana, habituée aux lubies de sa maîtresse, murmura quelque chose et nous servit de pain, *hoummos*, *pastourma**, *za'tar*** dans l'huile d'olive, miel, fromage, olives et un thé comme je n'en ai jamais plus goûté nulle part.

* Viande de bœuf séchée servie avec des piments, plat arménien. *(N.d.T.)*

** Thym et grains de sésame. *(N.d.T.)*

Sultana mangeait si gloutonnement et si vite qu'elle devait porter les aliments à sa bouche avec les deux mains. Ses admirables mâchoires broyaient tout à la vitesse du vent. Tandis que nous enfournions les friandises en silence et avec avidité, Rihana s'éloigna avec la boîte de clous et le marteau. Après un quart d'heure, Sultana aspira l'air profondément, prit une solide gorgée de thé et demanda négligemment, comme si elle venait tout juste d'y penser : "Dis-moi, as-tu été satisfait de Nariman ?"

Si Nariman ne m'avait pas mis en garde, mon cœur aurait rompu son ancrage, dansé sur ma langue et trahi que j'étais tombé amoureux. Mais ainsi averti, je l'enfermai derrière un verrou de feinte indifférence.

"Pas mal, bien qu'encore un peu jeune et inexpérimentée", dis-je froidement. Si Sultana avait eu le plus léger soupçon de mes véritables sentiments, elle n'aurait pas seulement doublé le prix de chaque nuit avec Nariman, mais aussi empêché toute intimité entre mon aimée et moi, car Sultana ne craignait rien au monde autant que se voir dépossédée de ses perles. En ce temps-là, elle régnait sur trois ou quatre femmes d'une beauté exceptionnelle, dont les charmes et les vices étaient connus au-delà des frontières de la Syrie et attiraient des clients du Maroc et de l'Arabie Saoudite. On me raconta même qu'un célèbre peintre de Paris venait tous les ans à Damas pour passer une semaine dans ce bordel.

Sultana pouvait beaucoup pardonner, elle négligeait même de voir certains petits larcins de ses femmes, car elle leur volait la fleur de leur vie. Ce qu'elle ne tolérait pas, c'était qu'elles aiment un client. "La passion amoureuse, me dit-elle plus tard, est une maîtresse comme moi, et le bordel est trop petit pour deux maîtresses."

Sultana avait beaucoup à faire, et je voulais jeter un coup d'œil en passant chez Nariman, car la question de Sultana avait éveillé en moi un désir brûlant. Mais il n'y avait rien à faire, la file d'attente des hommes devant sa porte était entre-temps devenue deux fois plus longue qu'auparavant.

Dans le couloir, le portier, un pied sur une échelle chancelante, l'autre sur la rampe de l'escalier, tentait d'accrocher un tableau à la grosse poutre du toit. Son pied glissait sans cesse, le pauvre diable s'accrochait désespérément à l'échelle et regardait épouvanté le jardin au-dessous de lui. S'il était tombé, il se serait cassé le cou en toute certitude. Quand il s'était rattrapé, il maudissait chaque fois sa maîtresse et menaçait en grommelant à voix basse de quitter bientôt le bordel et d'aller là où l'on saurait estimer ses facultés à leur juste prix. Il proférait cette menace chaque fois qu'on lui imposait un travail plus difficile, mais en réalité il n'y avait aucun endroit au monde qu'il eût préféré à ce bordel.

En ce moment, ce n'étaient pas tellement les difficultés du portier qui m'occupaient, que le tableau avec lequel il s'échinait. C'était une grande photo en noir et blanc dans un lourd cadre doré. Je l'avais déjà vue partout dans la ville, accrochée à des colonnes et des murs, mais jusque-là je ne lui avais pas prêté attention. Un instant, je pensai qu'elle représentait un saint, puis je me rappelai que les musulmans n'ont pas d'images de saints. L'islam n'interdit pas seulement la représentation des saints, mais aussi toute reproduction de la figure humaine.

Comme si Dieu et son Prophète, dans leur sage prudence, voulaient épargner aux peuples arabes les portraits de leurs hideux dirigeants. Et voilà que cette photo était accrochée partout, même dans le hammam et à présent aussi au bordel.

"Qui est-ce ?" demandai-je au portier en lui proposant de fumer une cigarette avec moi dans un coin ombragé du jardin. Il était complètement anéanti par son numéro d'équilibre sur l'échelle.

"Le maire, Houssni Bey."

Comme si mon cœur avait pressenti le malheur que cet homme allait m'apporter, une grande peur s'empara de moi à l'instant.

Quand je rencontrai Sultana un peu plus tard, je lui demandai ce que faisait là le portrait du maire. Elle me rit au nez.

"Interdiction des images ! Interdiction ! Qu'elle aille au diable ! Où est donc le crime, si un grand homme exhibe son portrait ? Sans lui, tu n'aurais pas pu jouir de Nariman. Il protège le bordel et je protège les familles. Au lieu de tomber sur leurs sœurs, belles-filles et tantes, les hommes viennent dans mon bordel, et Sultana en a pour tous les goûts et tous les porte-monnaie. Regarde-les donc, comme ils sourient paisiblement ensuite. Leur jus une fois sorti, ils retournent pleins de joie à leur travail, afin de pouvoir revenir plus tard. Cela n'est-il pas moral ? Ou bien la morale n'est-elle que l'abstinence ? Non, non, mon très cher, ou alors je préfère ne jamais aller au ciel, car lorsque ces abstinents seront arrivés au terme de leur voyage, ils se jetteront sans retenue sur les femmes et les jeunes garçons pour assouvir leur faim." Jamais, de toute ma vie, on ne m'avait ainsi prêché la morale ! Et entendre un tel sermon dans un bordel, je m'y attendais moins encore !

"Mais pourquoi accrocher la photo du maire au-dessus de ce lit ?" demandai-je à la fin de l'après-midi, quand je la découvris aussi dans ma chambre. Sultana fixa sur moi des yeux vides et se borna à sourire avec mépris, comme quelqu'un qui tranquillise un curieux en lui révélant une mince partie d'un secret.

C'est seulement grâce à ma bien-aimée Nariman et à mon allié, le portier Ismail, que j'appris enfin la raison de ce flot d'images : dans deux semaines, le maire allait pour la première fois rendre visite au bordel. Lui-même, il possédait un harem avec six femmes et d'innombrables maîtresses, mais depuis qu'il avait passé des vacances à Paris il avait découvert sa prédilection pour le vice. Ainsi, Son Excellence voulait-elle maintenant rester deux jours entiers au bordel, et pendant ce temps-là aucun autre homme ne devait s'y trouver, hormis le joueur de luth aveugle. Pas même le portier et les deux policiers. La visite devait demeurer rigoureusement secrète, mais dans un bordel les secrets sont aussi bien gardés que de l'eau dans une passoire. "Ne te fais pas de souci, mon Milad, me chuchota tendrement Nariman à l'oreille, tu sortiras tout simplement et tu reviendras en te glissant par un passage dont l'entrée est dissimulée au bord du fleuve, sous le pont. Je viendrai alors de temps en temps te rendre visite. Il faudra que tu te caches, car si tu es découvert, cela pourrait te coûter la vie."

"C'est certainement très excitant de coucher ensemble en risquant la mort", dit Nariman le lendemain. Ensuite elle déclara qu'elle m'aimait tellement qu'elle ne voulait plus passer une seule nuit sans moi. J'étais prêt à sacrifier ma tête pour chaque jeu d'amour avec elle.

Les jours suivants, le portier annonça à tous les clients que le bordel serait fermé le tant pendant deux jours, pour travaux de rénovation urgents et nécessaires. De fait, le bordel – excepté les deux chambres d'hôtes à peine utilisées – était en train de tomber en ruine. Bien qu'il ne fût vieux que de quelques années à peine, le flot tumultueux des visiteurs avait laissé des traces. Le temps semblait passer quatre fois plus vite au bordel, et chaises, tapis et lits vieillissaient en conséquence.

Pourtant, les visiteurs n'accordèrent aucune foi aux paroles du portier. Il faut dire que les rénovations allaient déjà bon train : des artisans posaient partout de nouvelles lampes, astiquaient les balustrades du rez-de-chaussée et du premier étage et donnaient au jet d'eau et au bassin un nouvel éclat. Un jardinier s'échinait jour et nuit pour changer la modeste cour intérieure en un rêve floral. Sultana voulait absolument conquérir le cœur du puissant maire, afin de lui présenter ensuite son plan ambitieux qui consistait à ouvrir d'autres maisons du même genre à Beyrouth et Alep. Mais les choses tournèrent autrement.

Au bordel, les jours passaient plus vite que le vent. Depuis ce moment-là, je ne crois plus à un paradis éternel. Les paradis sont par nature fugitifs. Seul l'enfer a de la durée.

Le jeu de l'amour avec Nariman avançait à travers les siècles de mon histoire familiale. "Qui es-tu aujourd'hui ?" demandait-elle en m'embrassant pour me dire bonjour. Alors je réfléchissais un instant et je lui nommais l'un de mes ancêtres, et elle se décidait pour une femme de ce temps-là. J'étais sultan, brigand, prisonnier, chevalier ou poète, et elle était brigande, chanteuse, madame de harem ou reine.

C'étaient des jours de bonheur parfait, et plusieurs fois je songeais à m'enfuir en Amérique avec Nariman, grâce à mon magot de pièces d'or encore assez abondant. Mais quand j'y faisais seulement allusion, elle refusait. Elle ne voulait pas émigrer. Et déjà je regrettais ma légèreté et abandonnais l'idée de vouloir passer toute ma vie avec Nariman, pour bientôt après ne plus rêver que d'un avenir avec elle.

Pendant ce temps, Sultana était visiblement surexcitée, elle forgeait des plans jusque tard dans la nuit et tournait en rond durant le jour, les yeux ensommeillés. Elle ne parvenait pas à choisir celle de ses perles qui enchanterait la première nuit – la nuit décisive – du maire : Nafiza à la peau sombre, Feirous la rousse un peu replète, ou la rayonnante Nariman aux yeux bleus.

Cinq jours avant l'arrivée du maire, Sultana apprit par l'un de ses clients que Houssni Bey avait rapporté de Paris trois prédilections : l'une pour les femmes blondes aux yeux bleus, la seconde pour les uniformes et la troisième pour la propagation déjà connue de ses portraits.

Sultana choisit Nariman pour cette première nuit et lui fit teindre les cheveux en blond. Et Nariman ? Elle était enthousiasmée, elle se sentait soudain élevée au-dessus de toutes les autres femmes et se conduisait aussi en conséquence, ce dont beaucoup lui gardaient rancune.

De fait, elle était manifestement fière et ne parlait plus que de sa rencontre avec le maire. Cela me blessa profondément.

Avec les clients qui attendaient devant sa chambre, c'était tout autre chose. Elle les expédiait sans y prendre part. C'était un dur travail, pour elle, de supporter tous ces hommes au lit.

Que ce fût parfois amusant quand des clients, trop excités à sa vue, arrivaient trop vite et en jurant au bout de leur tâche, cela n'y changeait rien. Nariman leur donnait alors un baiser sur le front et se hâtait de passer dans la deuxième chambre où un autre client plein d'impatience l'attendait déjà, nu dans le lit.

Nariman était plus ou moins mythomane. D'après ce qu'elle disait, elle était issue d'une riche famille d'Alep. Ses arrière-grands-parents avaient émigré de Perse et fondé un florissant commerce de porcelaine, elle avait passé une enfance insouciante dans le palais paternel, sans se douter que son père perdait au jeu toute leur fortune et préparait en secret ses papiers pour s'enfuir à Paris avec sa maîtresse. Quand sa mère, au dernier instant, apprit cela, elle tua d'abord son mari et la maîtresse de celui-ci et ensuite elle-même.

Du jour au lendemain, la propriété avait été saisie et Nariman pauvre comme Job atterrit dans un orphelinat. Là, elle végéta tristement, jusqu'à ce que Sultana la prît comme domestique. Ensuite Sultana avait ouvert son bordel et un an plus tard Nariman était devenue la perle de la maison. Toutes les prostituées racontent à peu près ainsi leur émouvante histoire. Mais j'appris par Rihana que Nariman s'appelait en fait Adaviya, était originaire d'un petit village du Sud et avait été mariée avec un pauvre hère, un imbécile qui se soûlait à mort tous les soirs. Nariman avait eu souvent affaire à des hommes et à la police, jusqu'à ce que Sultana la sortît de prison, lui donnât un joli nom et en fît une star en ces lieux.

Aussi incertaine était son origine, aussi sûrement rêvait-elle de s'en détacher. Elle rêvait les yeux ouverts. Même quand les hommes étaient couchés sur elle, lui relevaient les pieds et la pénétraient, elle rêvait les yeux ouverts. Et elle voyait un cavalier arriver, tuer Sultana et, la tête haute, prendre Nariman pour femme. Non, elle ne voulait pas fuir, ni en Amérique ni autre part. Je n'étais pas le seul qui lui eût fait une telle proposition. Un homme sur deux – peu après l'orgasme, quand la plupart des hommes sentent revenir l'envie du prochain jeu d'amour – lui parlait de fuite, mais Nariman ne voulait pas s'enfuir. Elle souhaitait mettre fièrement fin à sa honte. Et ces jours-là, elle voyait dans le maire le chevalier qu'elle attendait si ardemment. Certes, elle me donnait la réplique, nuit après nuit, dans l'histoire de mes ancêtres et nous jouissions de nos jeux d'amour, mais immédiatement après elle reprenait ses propos délirants sur le maire. Sultana la libérerait s'il tombait amoureux d'elle, et elle voulait faire tous ses efforts pour que cela arrivât. Il était devenu impossible de réveiller Nariman de ce rêve diurne.

Ses fantasmes grandirent jusqu'à l'obséder totalement, si bien qu'un jour, dans son ivresse, elle me confondit avec le maire et m'appela Houssni Bey. Je hurlai, criai et pleurai, parce que j'étais devenu l'esclave de son amour et que la jalousie rongeait mon âme.

Nariman se taisait et me caressait. Nous fumâmes ensemble un narghilé avec un magnifique morceau de haschisch libanais, et bientôt nous retrouvâmes notre gaieté et je couchai une fois encore avec elle. Elle était une madame de harem du sultan Abdelhamid, et j'étais, comme l'un de mes arrière-grands-pères, un esclave qui se déguisait en eunuque et parlait toujours d'une voix aiguë. De toute ma vie, je n'ai jamais vécu de manière aussi enivrante l'amour sensuel avec une femme.

Mais quelle misère ! A peine s'était-elle lavée qu'elle parlait de nouveau du maire. Cette fois, je ne me mis pas en colère, d'un seul coup cela me fut indifférent. Jusqu'à aujourd'hui, je ne sais pas pourquoi j'avais ainsi vaincu ma jalousie d'une seconde à l'autre.

Avais-je déjà compris que je devais abandonner Nariman, voulais-je seulement manger à ma faim pendant le court laps de temps qui me séparait encore du vingt et unième jour ?

Ou la double ivresse du haschisch et de l'amour me donnait-elle des facultés de divination, si bien que je pressentais la catastrophe qui se précipitait vers nous ? Jusqu'à aujourd'hui, je n'ai pas de réponse. En tout cas, je m'adossai aux coussins et demandai sur le ton de la plaisanterie : "Eh bien, qu'a-t-il que je n'aie pas, ce maire, cette grosse panse ? Il a peut-être deux pénis ? Ou trois couilles ?

— Il a bien plus que ça, Milad chéri. Tu es un marchand de parfum, un petit commerçant, tu ne comprends pas ce genre d'affaires." Elle dit réellement "affaires". "Si je serre Houssni Bey entre mes cuisses, ce n'est pas cet homme laid et gras que je tiens entre mes jambes, mais l'Etat, et ce pouvoir que j'aspire en moi c'est la splendeur enchanteresse qui le rend à mes yeux plus précieux que tous les bellâtres d'Arabie.

— Mon Dieu, te voilà déjà quasiment poétesse", lui répliquai-je d'un ton calme en lui tendant le tuyau du narghilé que je venais de préparer.

"Non, Milad, ne te moque pas de moi. Je ne fais pas de poèmes. Tu es peut-être riche, mais tu n'es que toi. Lui, il est davantage, et tu peux me croire, je sais de quoi je parle. Ou bien crois-tu que Feirous et Nafiza n'ont rien dans la tête, quand elles offrent à Sultana de travailler un an gratuitement pour elle si elle les désigne à ma place ? Elles savent exactement toutes les deux que cette nuit avec le maire vaut bien que l'on supporte pendant un an plus de six mille hommes."

Je ne savais rien du pouvoir de ce maire, mais je voyais la folie dans les yeux de la jeune prostituée. C'était la folie qu'engendre l'espoir, la folie qui brille dans les yeux de l'homme qui meurt de soif quand le mirage lui fait apercevoir une oasis. Je me tus et la serrai contre ma poitrine. Pauvre Nariman !

Deux jours avant la visite du maire, le bordel ressemblait à un joyau étincelant. Sultana fit même apporter des blocs de glace de l'usine qui en fabriquait, afin de rafraîchir les boissons. En ce temps-là, il n'y avait pas encore de réfrigérateurs et Sultana avait juré de servir frais au maire son breuvage favori, au milieu du mois d'août qui faisait quasiment étouffer de chaleur les habitants de la ville. Elle se procura du champagne français auprès des contrebandiers dans le port de Beyrouth.

Chaque matin, elle prenait Nariman dans sa chambre et lui enseignait des mots français et la manière de se tenir à table. Sultana fit tout, mais réellement tout, pour atteindre son but, et pourtant les choses tournèrent autrement. Le dernier jour d'ouverture, nous eûmes un assaut de clients, alarmés par la rumeur que l'unique bordel de Damas ne fermerait pas ses portes seulement pendant quarante-huit heures, mais pour toujours.

Plus d'un pauvre diable vendit son âne, avec lequel il gagnait son pain quotidien comme portefaix, pour se retrouver une dernière fois – et même assez souvent pour la première fois – entre les bras d'une femme. De toute ma vie, je n'oublierai pas cette journée. Des scènes insensées se déroulaient dans les couloirs, et je ne savais pas si je devais en rire ou en pleurer. Je vis quelques hommes, qui ce jour-là avaient goûté trois ou quatre fois à l'amour vénal, se traîner ensuite en s'agrippant à la rampe, sans argent et sans forces. Peu avant la sortie, ils apercevaient une prostituée, s'adossaient à la balustrade et la suppliaient de relever encore une fois sa robe, pour que leurs yeux pussent une fois encore se repaître, avant de retourner dehors dans l'ardeur du mois d'août et la poussière de la rue.

“C'est une piastre par-devant et une demie par-derrière, répliquait la prostituée.

— S'il te plaît, mendiait un quadragénaire, soulève juste un peu”, et la prostituée riait et faisait vite tournoyer sa robe, si bien que pendant une seconde les hommes pouvaient voir son derrière nu.

“Oh, puissent mes yeux devenir aveugles, afin que l'image de ton derrière reste la dernière dans mon cerveau”, s'exclama un homme parmi les rires de ses compagnons, puis ils se traînèrent dehors.

Seule, la chambre de Nariman demeura fermée ce jour-là. Sultana voulait la protéger de la foule des hommes concupiscents. Elle avait peur qu'ils ne pussent abîmer sa perle à force de pinçons ou suçons.

Ce jour-là, Nariman resta directement sous la garde de Sultana, et la mère maquerelle ne la fit coucher le matin qu'avec le marchand le plus distingué du bazar de Damas, après que celui-ci eut donné sa parole de ne caresser ni embrasser Nariman. Moi, je ne pus même pas la toucher. "Tu es trop fougueux, prends n'importe quelle autre gratis pour aujourd'hui", dit sévèrement Sultana. Elle préférait faire confiance à son expérience plutôt qu'à mes promesses rassurantes.

"Je vais seulement lui raconter une petite histoire, plaisantai-je.

— Ah, une histoire ! Je connais la combine, et après tu voudras seulement lui montrer comment le héros caressait son cheval, et ensuite au milieu du conte tu te retrouveras entre ses jambes, et personne ne saura comment et pourquoi vous en êtes arrivés là. Raconte-moi plutôt ton histoire, et je la redirai à Nariman", répliqua Sultana d'une voix venimeuse. Il n'y avait rien à faire. Mais il fallait absolument que je parle à Nariman entre quatre yeux, car quelqu'un avait révélé à Sultana le passage secret sous le pont, et en quelques heures il avait été muré. J'étais épouvanté. Cela voulait dire que le lendemain matin, je devrais quitter le bordel.

Nariman entra un instant au salon. Mais elle refusa de comprendre quand je lui fis signe que je voulais lui parler. Le premier âne venu m'aurait compris. Elle me jeta de loin un regard mort de ses yeux froids, ensuite, sur l'ordre de Sultana, elle alla se cacher dans la chambre de celle-ci.

Vers midi, Nariman entra encore une fois au salon pour boire un café. J'étais justement en train de fumer un énorme narghilé avec l'Egyptienne Aziza. Je voulais oublier l'excitation et la joie de Nariman dans les vapeurs du haschisch. Elle était embrasée de désir pour son maire et elle ne me vit pas. Sultana, elle, rayonnait, non seulement à cause de ses gains astronomiques, mais parce qu'elle jouissait de la domination qu'elle exerçait sur Nariman.

Au début de l'après-midi, j'étais si détendu et joyeux que mes rires et mon flirt avec Aziza commencèrent à irriter non seulement Nariman, mais aussi Sultana. Elle nous ordonna à tous les deux de quitter le salon. Je venais tout juste de me lever, avec peine et de mauvais gré, quand un petit homme gras, portant des lunettes de soleil, ferma derrière lui la porte du salon et marcha droit vers Sultana qui se tenait derrière son comptoir. Ce qu'il lui chuchota à l'oreille, je ne pus pas le comprendre, mais j'entendis Sultana refuser froidement. "On ne peut pas l'avoir aujourd'hui, *monsieur**."

L'étranger posa une grande pièce d'or sur le comptoir. De ma place, je ne pus apercevoir quelle monnaie c'était, mais je vis la métamorphose qui s'opérait dans les yeux de Sultana. Elle savait maintenant que le client appartenait à l'élite la plus distinguée de Damas. Et quand il dit d'un ton condescendant : "C'est seulement pour toi", je vis Sultana rougir, non de honte ou d'attendrissement, mais sous le coup de la surprise. Des sentiments comme la honte, cette matrone les avait depuis longtemps portés en terre. Après quelques secondes d'un silence de plomb, une deuxième métamorphose s'accomplit dans le regard de Sultana. Elle devint une experte évaluant froidement. Ses yeux examinèrent la pièce, transpercèrent le métal et elle en reconnut alors la noble origine. Des yeux peuvent remplacer tous les organes. Avec des yeux on peut aimer et haïr, louer et blâmer, prier et commander, revenir à la vie et mourir.

* En français dans le texte. *(N.d.T.)*

Sultana empocha la pièce et somma le client de ne pas sucer ni pincer.

L'homme répliqua en faisant rouler deux autres pièces d'or sur le comptoir. Sultana était très satisfaite. Elle ne gagnait pas autant en toute une semaine avec son bordel. Elle s'inclina, susurra : "A votre service, noble seigneur", et se tourna, agacée, vers Aziza et moi, parce que nous avions ri de son intonation servile : "Et vous deux, allez au diable !"

Nous poussâmes des cris de joie comme des enfants mal élevés et courûmes à ma chambre. Alors, je ne sais pas pourquoi, peut-être à cause du haschisch qui, récurant à fond une cellule du cerveau, me prêtait une lucidité prophétique : à l'instant où je claquais la porte derrière moi, je sus que cet homme gras avec des lunettes n'était autre que le maire, venu incognito au bordel et qui se payait sournoisement la tête de Sultana. Mais les autres cellules embrumées de mon cerveau noyé dans le haschisch éteignirent aussitôt cette petite lueur, et je ne vis plus que le rire d'Aziza qui dénudait deux rangées de dents en or.

Nous étions tous les deux tellement gais et enivrés, que notre moitié inférieure était complètement paralysée. Nous nous bagarrions comme des enfants et riions à en avoir mal au ventre. L'Egyptienne, qui savait plaisanter à propos de n'importe quoi, déchaîna tout le rire de mon enfance.

Je ne sais pas combien de temps nous nous sommes démenés ainsi. Peut-être deux heures, peut-être trois. Soudain, la porte de ma chambre s'ouvrit d'un seul coup, et je vis Nariman sur le seuil. Elle était complètement décomposée. Derrière elle, je distinguai les visages soucieux de plusieurs femmes. J'en reçus un tel choc que mon ivresse se dissipa sur-le-champ. Je me retrouvai soudain lucide et dégrisé.

Nariman était dans un état lamentable. Elle pleurait. Je courus à elle et elle se jeta dans mes bras. "Oh, très cher Milad, aide-moi. Je suis perdue ! Je suis perdue", dit-elle en poussant des cris étranges, comme un animal battu. Les autres femmes restaient muettes. Sultana elle aussi se joignit à nous, pâle et silencieuse. Je commandai à l'une des femmes d'apporter de l'eau de rose et un citron, allumai une cigarette pour Nariman et lui lavai le visage avec un parfum vivifiant.

Après avoir bu le verre d'eau, elle se calma un peu. Tout était silencieux, et les femmes s'assirent de tous les côtés dans ma chambre. Ce qui se passait dehors – la maison était encore pleine de clients – n'intéressait personne, pas même Sultana. "L'homme, commença lentement Nariman, était très amical, et tout en allant vers ma chambre je lui demandai quel était son métier. «Je suis portier chez Son Excellence le maire de Damas», répondit-il, et il m'expliqua combien son travail était difficile et dangereux. Je répliquai que je comprenais, car notre portier Ismail devait lui aussi effectuer un travail difficile et parfois dangereux, et il rit.

"Dans la chambre, il ôta tous ses vêtements, mais pas ses lunettes. Vous savez combien de souhaits extravagants la clientèle peut apporter ici. Il aimait le faire avec des lunettes, dit-il, et je ris, je lui expliquai que les yeux ne m'intéressaient pas et je tendis la main vers sa chose. Non, nous devions d'abord boire du champagne, exigea-t-il. C'est ce que nous avons fait, et il commença à me raconter ses aventures. Je tendis la main plusieurs fois vers sa chose sous son énorme ventre. Elle était minuscule, petite comme une olive. J'essayai par tous les moyens de la faire ressortir. Avec toutes mes caresses, même un cadavre aurait bandé, mais pas lui. Jamais de ma vie je n'avais vu ça. Son olive devenait de plus en plus petite, et tout à coup elle disparut entièrement dans ses bourses.

«Sais-tu qui je suis ? demanda-t-il en vidant d'un trait son verre de champagne.

— Tu m'as dit que tu étais le portier de Son Excellence.» Il rit. «Je ne voulais pas t'effrayer. Je ne suis pas le portier, mais un garde du corps de Son Excellence.»

"Bien des hommes m'avaient déjà fait le coup : plus leur chose est petite, plus long ils en racontent.

«C'est bon, dis-je, et j'ajoutai : C'est sûrement aussi un travail très difficile et dangereux», pour en être quitte avec ses discours.

«Oui, mais ce n'est pas pour cela que je te le dis. Le portrait de Son Excellence au mur me distrait. Je pense tout le temps à la manière dont je pourrais le protéger s'il était dans cette pièce.»

"Je pensais que le monde devient de plus en plus fou, je bondis sur mes pieds et retournai le portrait.

"Rien à faire ! Quand je tendis de nouveau la main vers ses bourses pour faire sortir l'olive en les caressant, elles disparurent avec leur contenu dans son ventre. En bas, l'homme était complètement lisse. Seul un deuxième nombril indiquait l'endroit de son sexe. En même temps, c'était bizarre, on aurait dit que cela ne le concernait pas. Il continuait à boire du champagne, auquel je ne touchais plus.

"Je ne sais pas pourquoi, mais j'ai été prise de panique. J'ai eu des centaines d'hommes impuissants, mais jamais encore un cas semblable. Alors je me rappelai le pénis de cuir que Sultana appelle le «retourneur». Elle m'en avait donné un exemplaire quand je débutai ici, et m'avait recommandé de l'utiliser quand des hommes ont deux nombrils. Cela avait toujours aidé les autres femmes.

"Je dis à mon client qu'il devait se reposer un peu, je me précipitai derrière le petit rideau, attachai sur moi le membre artificiel, l'enduisit de graisse pour qu'il glisse bien et espérais ainsi repousser par-devant le pénis du garde du corps en l'attaquant par-derrière.

"Je me glissai doucement vers lui. Il était couché sur le ventre, je poussai le pénis dans son derrière et tâtai par-devant avec la main, cherchant un petit bout de sa chose pour la tirer vers l'extérieur, mais rien ne sortait du nombril. Je poussai encore une fois. Le garde du corps jeta les hauts cris : «Que fais-tu, pute et fille de pute ?

— Prends patience un instant, monsieur, lui dis-je pour le calmer, encore quelques coups et ton meilleur morceau sera de nouveau dehors.»

"Il ne pouvait pas se défendre, je lui écartai les jambes, comme les hommes le font quand ils s'emparent de notre dos. Je poussais et poussais, mais sans succès. Désespérée, j'abandonnai.

«Sais-tu qui je suis, salope ?» cria-t-il en bondissant sur ses pieds, fou de rage. C'était terriblement drôle, dit Nariman en se mettant à rire. Il était là, debout, sans queue et avec un gros ventre comme une femme au neuvième mois, et j'étais couchée sur le lit, regardant dans la mi-obscurité le membre raide et brillant qui se dressait tout droit sur mon pubis.

«Sais-tu qui je suis ? répéta-t-il, comme je n'arrêtais pas de rire.

— Oui, tu es le garde du corps de Son Excellence, répliquai-je sans me laisser impressionner.

— Je n'ai dit ça, fille de pute, que pour que tu ne tombes pas raide morte de peur. Je suis Houssni Bey en personne. Qu'est-ce que tu en dis, sale putain ? reprit-il en se tenant le derrière qui apparemment lui faisait mal.

— Maintenant, ça suffit, outre impuissante. Je voulais seulement t'aider, rien de plus !

— Fille de pute, hurla-t-il en m'envoyant une énorme gifle, sais-tu qui tu as baisé ?» Et il s'est mis à me frapper sans pitié. Je maudissais sa mère et lui envoyais des coups de pied. Alors il cessa de me battre, cria encore une fois : «Je te ferai voir qui tu as enculé», il s'habilla en hâte et s'enfuit."

"C'est pourtant vrai que les hommes sont des cochons, dit une vieille prostituée quand Nariman eut terminé. Ils nous baisent pendant des millénaires, et quand une femme croyant bien faire chevauche un homme, ils en font retomber la honte sur tout l'Etat."

Quelques femmes cherchèrent à apaiser Nariman. Qu'elle ne se fasse pas trop de souci, car les hommes ne se croient jamais aussi puissants que dans un bordel. Là, ils crânent, parce qu'ils n'ont devant eux et sous eux qu'une putain sur laquelle le premier âne venu peut monter, du moment qu'il paie.

Les femmes allaient et venaient, et plusieurs d'entre elles consolaient Nariman et la prenaient en pitié. Seules, ses deux concurrentes, Feirous et Nafiza, feignaient la compassion et riaient derrière leur main dans le couloir.

Sultana se taisait comme le Sphinx d'Egypte. Elle, dont les paroles partaient d'habitude plus vite que des coups de feu, n'émettait pas un son. Elle, dont l'esprit disposait d'une réponse pour chaque question, regardait au loin, pâle et en plein désarroi. Et quelqu'un d'autre se taisait avec elle, car dans son for intérieur il voyait déjà l'irruption du malheur : moi, le maudit malchanceux, qui en cet instant aurais dû prendre mes cliques et mes claques et gagner le large plus vite que le vent. De tout ce temps, je n'avais pas souffert la faim, et seuls quelques jours me séparaient de mon but, de l'accomplissement de mes rêves. J'avais encore assez de pièces d'or pour faire ripaille pendant des années. Mais je restais là comme paralysé. Je voulais protéger Nariman et elle avait besoin de moi.

Elle se blottit contre moi et me supplia de ne pas la laisser seule. Même Sultana, la maquerelle sans cœur, lui caressait la tête et me pria, avec des yeux de chien, de rester auprès de "la petite", comme elle appelait maintenant Nariman. Sur un signe d'elle, toutes les femmes quittèrent la pièce et aussitôt arriva la fidèle servante Rihana, accompagnée par deux autres prostituées. Elles nous apportèrent du vin, des pistaches et un énorme narghilé avec un morceau de haschisch gros comme une noisette. Bientôt, Nariman oublia son visiteur obèse. Nous mangeâmes, bûmes, fumâmes et nous aimâmes. Peu après minuit, Nariman s'écria, après m'avoir de nouveau encouragé par ses caresses à un autre jeu d'amour : "Et où en sommes-nous arrivés dans l'histoire ?

— La dernière fois, nous avons pris l'époque de l'occupation française actuelle, et nous avons joué plusieurs personnages de ta famille et de la mienne. Mais aujourd'hui, oui, aujourd'hui nous devrions jouer l'avenir, m'écriai-je avec exaltation.

— Alors je commence, dit-elle, je suis une femme libre, qui peut aimer et haïr, agir ou ne rien faire, tout comme elle veut et ce qu'elle veut. Et toi ?

— Et moi, répliquai-je sur un ton exagérément théâtral en m'agenouillant entre ses jambes, je suis le fier Arabe, un homme libre, rassasié et satisfait."

Je n'avais pas encore fini de prononcer ces mots qu'un coup violent fit sauter la porte hors de ses gonds. Pour un peu, elle nous aurait écrasés. Une horde de soldats, créatures de l'ombre, se rua à l'intérieur. Je n'y voyais plus rien. Tombait sur nous une grêle de coups assenés avec des cannes de bambou et des crosses de fusil. Regarde, cette cicatrice sur l'épaule gauche, elle vient de cette nuit-là. Ils fracassèrent tout et nous frappèrent sans merci. Comme j'essayais de protéger Nariman de mon corps, les soldats jurèrent et m'entraînèrent dehors. Dans le couloir, je vis d'autres soldats chasser les femmes vers la sortie.

Nus et ruisselants de sang, nous fûmes finalement entassés avec les autres dans les trois camions qui attendaient devant la maison. L'air résonnait de gémissements et de plaintes, de supplications et de jurons. Et, sans relâche, les soldats nous frappaient.

Dans notre camion se trouvaient le joueur de luth aveugle et de nombreuses prostituées du rez-de-chaussée. La pleine lune brillait vivement dans cette lourde nuit d'août, et les femmes, sans fards, épouvantées et maltraitées, semblaient terriblement laides.

Où était Sultana, en cette heure-là, je ne le savais pas.

Trois des femmes et moi, nous étions entièrement nus. L'un des soldats nous jeta un regard, hocha la tête, se précipita dans la maison et revint avec un tas de vêtements et un pantalon déchiré. Nous nous habillâmes en hâte. Je suppliai l'un des soldats de m'apporter ma valise, mais il refusa grossièrement et me traita de souteneur. Quand j'adressai la même prière à un autre, il me frappa au visage avec sa longue canne de bambou.

Les camions sortirent de la ville. Mes blessures cessèrent de saigner et me faisaient terriblement mal. Nariman tremblait de tout son corps, bien qu'il fît si lourd. Quand j'entendis ses dents claquer, je compris que j'avais tout perdu. Tout, même la prochaine rencontre avec la fée. Je frissonnai et sus brusquement que Nariman avait froid à l'intérieur d'elle-même. Je la serrai contre moi.

"Milad, mon bien-aimé, dit-elle, tu es le seul homme en ce monde qui m'ait vraiment aimée. Je pleurerai toujours en pensant à toi. J'aurais dû fuir avec toi en Amérique. Mais j'étais bête. J'écoutais cette maudite Sultana, et elle me disait que je devais me méfier de toi, que tu étais un joueur. Et les joueurs vendent leur mère quand ils ont besoin d'argent. Mais tu n'es pas un joueur. C'est seulement cette nuit que je l'ai compris. Un joueur se serait aussitôt enfui et en aurait pris une autre. Tu es resté. Tu savais pourtant que le gros homme n'était personne d'autre que le maire, et que sa vengeance le suivrait immédiatement. C'est vrai, que tu le savais ?

— Oui, c'est vrai, mais à quoi bon en parler maintenant ? Attendons de voir ce que le maire veut faire de nous, répliquai-je.

— Et je te dis, cher Milad, que notre Etat est impuissant", dit-elle en tirant une bouffée d'une cigarette que l'on se passait à la ronde.

Finalement, les camions s'arrêtèrent devant les murs d'une grande prison. Nous dûmes attendre une heure devant, sur la place, car le directeur de la prison refusait de nous recevoir.

Quelques jours plus tard, j'appris pourquoi. La troupe qui nous avait assaillis était la garde personnelle du maire. Elle fut richement récompensée. Ce fut non seulement l'énorme trésor de *madame* Sultana qui leur tomba dans les mains, mais toute la maison, vaisselle, meubles et bijoux, argent et vêtements, lits et rideaux, même les toilettes, lavabos, fenêtres et portes. Tout fut arraché et pillé par les soldats. Et le chef de la troupe refusait de donner ne fût-ce qu'une piastre au directeur de la prison. Celui-ci se voyait donc dans la fâcheuse situation de devoir héberger des prostituées et leurs clients, tandis que d'autres s'enrichissaient. Avant que l'affaire tournât au scandale, on lui offrit Nariman, et alors il s'inclina.

Je regardais les visages des femmes, et tout à coup elles ne paraissaient plus aussi laides qu'auparavant. Elles partageaient les quelques cigarettes que l'une d'elles avait sauvées, en tiraient des bouffées et regardaient avec des yeux tristes ce qui les entourait. Elles n'avaient plus peur. Elles avaient renoncé à tout.

Le reste est vite raconté. L'unique bordel de Damas fut fermé et les hommes pieux célébrèrent le maire Houssni Bey pour son grand acte de moralité.

On donna les femmes du rez-de-chaussée aux soldats. Le directeur de la prison reçut comme convenu Nariman, et les officiers se partagèrent entre eux les femmes du premier étage. Quelques-unes des plus jeunes femmes du rez-de-chaussée trouvèrent un gîte chez des hommes âgés et seuls. Les autres – prostituées vieilles, malades et réduites à l'état d'épaves – furent jetées à la rue. Les cinq hommes qui avaient été pris cette nuit-là au bordel ne furent certes pas les bienvenus dans la prison, mais ils ne furent pas roués de coups comme c'était alors la coutume. On nous laissa mourir de faim. Tous les deux jours seulement, on nous donnait un morceau de pain avec une tasse de thé à la menthe. Au bout de deux semaines environ, on nous relâcha dans nos vêtements loqueteux. Sultana fut plus tard condamnée à dix ans de prison. Et qu'est devenue Nariman ? La séparation avait été brutale. Nous ne pûmes que nous serrer furtivement la main. Nous versions des larmes amères. Nariman se retourna une dernière fois devant la porte de la prison, cria : "Milad !" Puis elle disparut.

Quand je revins au bordel après ma libération pour voir ce que je pourrais encore sauver, je ne trouvai plus que des ruines où déjà logeaient des rats et des chiens errants.

A demi mort de faim, je me mis en chemin vers Maaloula.

"Quel diable t'a chevauché ? me blâma la fée, tu étais chaque jour sur le point d'obtenir le trésor, et au lieu de cela tu as gaspillé ton temps et ta force.

— Laisse cela. Tu n'y entends rien. Tu es une créature de l'air. Et seul celui qui a de la chair sur les os a faim ailleurs que dans son estomac", répliquai-je sur un ton de défi. Elle se tut.

Puis elle dit : "C'est possible, Milad, mais un peu de raison t'aurait sauvé.

— De la raison ! m'écriai-je en riant. La raison est comme la mère maquerelle Sultana, une maîtresse. Et la passion amoureuse est aussi une maîtresse, et il n'y a pas de place pour les deux dans le cerveau." Elle fit un signe affirmatif et sourit en silence.

★

SEPTIÈME NUIT

Pourquoi le chef du village mangea du crottin de cheval

A Maaloula régnait une famine absolue. Je parvenais certes à ramasser çà et là un morceau de pain en mendiant, juste pour ne pas mourir de faim, mais personne ne pouvait se rassasier à ce moment-là. Une nuit, ma fée m'apparut. "Milad, dit-elle d'un ton soucieux, il faut que tu quittes Maaloula, car la mort jaune va frapper le village."

Deux jours plus tard, trois personnes moururent du choléra, le lendemain matin je partis pour Damas. Vers midi, j'atteignis la petite ville de Qoutaife. J'apaisai ma soif, et je me reposais un moment sous un vieil orme quand j'aperçus aux environs un devin. Les gens se groupaient autour de lui. Ils voulaient savoir ce que l'avenir leur apporterait. Pris de curiosité, je me glissai au premier rang pour mieux voir.

L'homme était assis sur un tabouret pliant, devant lui il y avait une planche de bois où plusieurs petits carrés étaient pyrogravés. Il tira d'une bourse de velours deux dés étranges qui ne portaient pas six figures comme d'habitude, mais douze, puis il plongea une fois encore la main dans la bourse et jeta une foule de petits personnages en bronze sur la planche. C'étaient d'affreux gnomes aux traits grimaçants. Il les regarda d'un air pensif, en déplaça quelques-uns, en remit d'autres dans la bourse, secoua la tête et parla à voix basse aux esprits invisibles. Il les apaisa, les implora de lui dire la vérité, et les remercia ensuite poliment.

J'ai très souvent rencontré dans ma vie des canailles qui extorquaient aux paysans œufs, tomates ou piastres en leur dépeignant un avenir paradisiaque. Tous ces escrocs qui manipulaient quelques cailloux ou des coquillages usés par la mer n'avaient pas de dignité. Mais cet homme, lui, en avait. Il faisait songer à un prêtre, les réactions de son public ne l'intéressaient guère, il semblait même le mépriser, ce qui disposait plus encore les gens en sa faveur.

Certes, il lui arrivait parfois, à lui aussi, de prendre en considération les souhaits de ses auditeurs, et il évoquait avec feu le trésor que l'avenir leur réservait, mais ensuite il les mettait en garde et les houspillait de nouveau, menaçait et s'interrompait, furieux, au milieu d'une prédiction, en expliquant à son interlocuteur épouvanté : “Disparais, ton visage ne plaît pas à mes esprits. Tu ne crois à rien.” D'un malheureux de cette espèce, il n'acceptait aucun argent.

Quelques femmes lui achetaient des talismans parce qu'elles espéraient ainsi avoir enfin des enfants. D'autres voulaient des pierres bleues qui protègent de l'envie et du mauvais œil. Je regardais ces femmes et me demandais quel âne aveugle pouvait bien porter envie à une telle misère. Même le mauvais œil d'un démon serait devenu bienveillant à force de pitié. Elles étaient aussi sales que moi, affamées, dévorées de vermine et malades et ressemblaient à des chiens errants. Toutes tremblantes, elles tripotaient les précieuses piastres qu'elles tiraient de leur poche et les retournaient pensivement de tous les côtés, avant de les donner au maître d'un cœur lourd. C'était le nom que cet individu se donnait à lui-même : le maître, et il tenait à être appelé ainsi par ses admirateurs. Il était grand et bien vêtu. Je l'observai longtemps. Quand il était fatigué, il chassait avec brusquerie les gens qui continuaient à l'entourer et essayaient d'en savoir un peu plus sur l'avenir sans payer davantage. Au moment où il allait partir sur son splendide cheval noir, je me cramponnai à sa selle et le suppliai de me prendre pour aide. Je ne croyais pas aux temps heureux qu'il avait prophétisés aux pauvres diables, mais j'espérais, grâce à sa ruse, parvenir à manger à ma faim pendant vingt et un jours. Il m'examina longuement.

"D'où viens-tu ? voulut-il savoir.

— De Maaloula", répondis-je, et je fus alors absolument certain que ce maître-là n'était lui aussi qu'un escroc, car comment peut-il voir dans mon avenir s'il ne sait même pas d'où je viens.

"Ah, de Maaloula", dit-il avec un étrange respect dans la voix. Il descendit de son moreau et me regarda dans les yeux. Que le diable m'emporte si j'avais déjà vu de tels yeux dans ma vie. Ils étaient petits et du feu en jaillissait, si bien qu'un frisson me courut dans le dos, mais je m'efforçai de ne pas détourner le regard. "Montre-moi tes pattes !" ordonna-t-il. Il examina longtemps les sillons et les lignes de mes mains. "Hum, étrange, murmura-t-il, tu vivras longtemps. Le bonheur coulera dans ton cœur comme un ruisseau, pour rejaillir hors de lui en torrent qui emporte tout." En ce temps-là, je pus à peine réprimer mon rire, je sais aujourd'hui à quel point j'étais alors bête et ignorant. "Je pourrais employer un aide, mais il faudra que tu m'obéisses absolument, tu ne devras jamais poser de questions et ne rien trahir de ce que tu verras chez moi. Jure que tu respecteras tout cela, commanda-t-il.

— Je le jure par tous les prophètes", proclamai-je. Mais ce n'était pas suffisant pour le rusé gaillard. "Vous êtes chrétiens à Maaloula, n'est-ce pas ?" dit-il en tirant de la sacoche de sa selle, et sans attendre ma réponse, une Bible.

"Pose ta main droite sur la Bible et répète après moi", dit-il. Je sentis une peur singulière m'envahir, et avant de toucher la Bible une main froide appuya sur mon cœur. J'aurais dû m'enfuir en courant. Mon père avait raison. "Tant que tu n'as pas pris ta décision, tu en es le maître, après tu n'es plus que son esclave", disait-il toujours à ma mère. J'ignorai la main froide, me décidai à devenir l'auxiliaire du diable et répétai après lui : "Je jure d'obéir à mon maître et de ne jamais lui mentir ni le trahir. Si je le fais quand même, ma vie lui appartiendra en expiation."

Je répétai les phrases, mais ma voix m'était étrangère. Je l'entendais comme de loin et elle était sans vie.

"Va chercher un âne et suis-moi", dit-il. Sa voix me réveilla. Des ânes, il y en avait comme sable au bord de la mer. Les paysans les abandonnaient à leur destin quand ils ne pouvaient plus les nourrir. Les bêtes erraient comme des chiens à la lisière de la ville. Elles ne trouvaient guère à se nourrir, mais elles restaient à proximité des cabanes parce qu'elles étaient là mieux protégées des loups et des hyènes que dans les sauvages espaces des montagnes ou de la steppe. Je n'eus donc qu'à agiter un peu de feuillage sec, et déjà plusieurs ânes trottinaient vers moi dans l'espoir d'attraper quelque chose à manger.

Je choisis le plus fort d'entre eux et je suivis avec lui mon nouveau patron.

Ce maître-là était une étrange créature. Plusieurs jours durant, nous allâmes de village en village en vendant des talismans et des pierres bleues. En chemin, il ne cessait de cueillir des herbes, et la nuit il lisait des livres comme un possédé. Quand il lisait, il plongeait dans un autre monde. Alors, il ne voyait et n'entendait plus rien. Il ne semblait même plus sentir la faim.

Et au bout de peu de temps, autre chose encore me frappa. Le maître ne s'intéressait pas aux femmes. Beaucoup se jetaient à ses pieds, d'autres lui lançaient des regards languissants où je voyais danser la concupiscence. Il était d'une noble stature, grand et relativement mince, mais d'une force de fer. Son visage n'était peut-être pas beau comme on le dit des acteurs d'aujourd'hui, tirés à quatre épingles, mais ses yeux étaient deux lance-flammes et son nez le bec d'un aigle. Il envoûtait les femmes et les faisait gigoter comme des poulets fraîchement égorgés. Et toujours, elles éteignaient avec moi le feu de leur désir, parce qu'elles croyaient trouver en moi un reflet de sa force magique. "Tu es sa lune", me dit une jeune paysanne que j'aimais la nuit sous un noisetier. Nous nous tordions de rire, parce que pendant le jeu d'amour elle m'appelait toujours maître, tandis qu'involontairement je l'appelais plusieurs fois Nariman.

"Pourquoi ne touches-tu jamais une femme ?" demandai-je un après-midi à mon maître quand il eut de nouveau refusé l'invitation d'une jeune veuve. Le souvenir d'Edgar le Français avait ouvert le chemin à cette question, je le sentis, aussi avait-elle pu arriver sur ma langue malgré son effronterie.

“Tu ne peux pas servir plusieurs dieux, le dieu de l’amour et celui du savoir secret. J’ai renoncé à mon cœur et à mon sexe et en échange j’ai reçu pouvoir sur deux démons, celui de la lumière et celui de l’obscurité, répliqua-t-il, le visage immobile.

— Mais tu pourrais te laisser séduire et dire au diable que tu as été forcé par les femmes, et que tu as malgré toi rafraîchi ton cœur et ton sexe.”

Il rit amèrement. “Le jour où l’amour me fera trahir mon serment, je serai un homme mort”, dit-il avec emphase.

On aurait pu prendre le maître pour un avare, pourtant il ne l’était pas. Il dépensait seulement tout son argent pour des livres, des sels et d’étranges récipients qu’il faisait fabriquer dans les villes. En revanche, nous mourions de faim. Et bientôt nous eûmes chargé un solide mulet de toutes ces choses.

“Maître, si tu continues à acheter des objets aussi encombrants, il nous faudra un chameau”, plaisantai-je, et il rit lui aussi. Je prenais soin de ses affaires, faisais la cuisine quand il y avait quelque chose à manger et soignais non seulement l’âne et le mulet, mais aussi son cheval, qui au bout de peu de temps me suivait comme un chien.

Soir après soir, je cousais de petits sacs de tissu où il plaçait des rouleaux de papier, censés faire venir les enfants par magie, éloigner la jalousie et tenir à distance la tuberculose et le choléra. Au bout d’une semaine où je n’avais eu à manger en suffisance que pendant deux jours, il me dit une nuit, devant le feu de camp : “Tu es travailleur et ne parles pas beaucoup. Cela me plaît. A partir d’aujourd’hui tu pourras arracher les pages de ce livre, les rouler et les coudre dans les sacs de tissu." Quel livre c'était, je ne le savais pas. Je n'ai appris à lire que beaucoup plus tard. Au bout de quelques jours, il ne restait plus que la reliure. "Que dois-je prendre maintenant ?" demandai-je, car la faim des paysans se prolongeait et les talismans étaient très demandés.

"Prends n'importe quoi. Le journal qui est dans ma sacoche fera le même effet. Dans la prochaine ville, nous nous procurerons du ravitaillement", dit-il, et il se plongea de nouveau dans son livre.

Un matin, nous atteignîmes Halboun, un village au nord de Damas, et il ne se passa pas une heure avant que mon maître, cette ombre du diable sur la terre, ne fût invité par le maire.

Je m'étonnai de la vénération avec laquelle le maire reçut mon maître. La gouvernante, une femme ronde comme une boule qui aurait pu rivaliser avec la mère maquerelle Sultana, m'en révéla en chuchotant la raison : le maître était déjà venu ici un an auparavant et avait élucidé l'assassinat de la jolie fille du maire. "Et cela, rien qu'avec une tasse d'huile, dit la femme grasse, et sa voix défaillit presque à force de respect. Un garçon dut l'assister et regarder dans la tasse, et il a vu exactement où et comment la jeune femme avait été tuée. Et ensuite l'enfant a cherché désespérément le visage du meurtrier, mais la silhouette que le garçon voyait dans l'huile lui tournait obstinément le dos. Pendant trois heures, il a fait tous ses efforts, et le maître lui demandait de décrire l'aspect, la démarche, la taille et autres signes caractéristiques de l'assassin. D'abord, le garçon hésita, et finalement les assistants reconnurent dans la silhouette décrite un jeune voisin, qui vivait solitaire et importunait assez souvent des femmes. Le lendemain matin, le cadavre de l'accusé fut retrouvé dans un ravin. On raconta qu'il s'était donné la mort, exactement comme le maître l'avait prédit."

Nous étions en train de festoyer chez le maire, à midi, quand le fils aîné d'un riche berger arriva vers nous en courant : son frère était possédé du démon depuis une semaine. Et il demanda au maître s'il pouvait aussi chasser les démons.

"Cela dépend, répondit le maître, je ne peux chasser que les démons qui entrent par méchanceté dans le corps des hommes. Si c'est par amour qu'ils habitent celui qu'ils ont choisi, aucune puissance ne peut les déloger. Ils meurent en même temps que leur victime. Aussi j'évite en général de mettre les doigts dans ce genre d'affaire. Tu préfères sûrement avoir un frère possédé plutôt qu'un frère mort", et il rit d'un rire si démoniaque que le solliciteur tressaillit. Peu après, mon patron prit congé du maire et nous allâmes chez le berger. Là, toute la famille était rassemblée, mais seuls deux frères du possédé et moi, nous eûmes le droit d'assister à l'exorcisation. Les autres devaient rester dans la pièce voisine et écouter. Le maître nous quitta un moment et alla dans l'écurie où était son cheval. Je le suivis des yeux par la fenêtre et comme les deux autres s'occupaient de leur pauvre frère, personne sauf moi ne vit le maître jeter aux poules dans la cour, en revenant, quelques graines qu'elles picorèrent avec avidité.

Le possédé gémissait et sursautait. Son visage montrait alternativement des traits coléreux et tristes, s'affaissait entre-temps et il semblait alors tout simplement faible d'esprit.

Quand le maître revint, il ordonna au malade de s'étendre sur le sol et demanda une branche d'amandier fraîchement coupée. Au bout de quelques minutes, on lui apporta la branche, de même qu'une petite coupe de cuivre remplie de braise sur laquelle le maître jeta un peu d'encens. Ensuite il lut à voix haute un passage de son livre, mais aucun de nous n'en comprit un mot. Enfin, il se tourna vers l'homme gisant et lui dit :

"Es-tu de sexe masculin ou féminin ?

— Masculin", répondit une voix horrible. Ce n'était plus la voix rauque et profonde que je venais d'entendre, mais une voix aiguë, croassante, qui semblait remplie de peur.

"Et pourquoi es-tu entré dans ce jeune homme ?" demanda rudement le maître, en frappant avec la branche d'amandier le gisant qui sursauta de douleur.

"Parce que ma sœur me l'a ordonné. Elle est ma maîtresse et voudrait faire de lui son esclave. Je devais le lui livrer.

— Je te maudis", cria le maître, puis il lut un passage de son livre.

"Aie pitié de moi : je n'y peux rien", entendîmes-nous tous. Le maître frappa trois fois avec la branche.

"Sens-tu cela ? Le matin et le soir je te frapperai trois cents fois si tu ne sors pas aussitôt.

— Par où dois-je sortir ? Par ses yeux ou ses oreilles ?

— Non, il ne doit devenir ni aveugle ni sourd. Tu dois sortir par son gros orteil et entrer dans les poules. Là, tu pourras décharger ta rage avant de retourner aux enfers chez ta sœur. Tu m'as compris ?

— Oui, maître !" fit une voix qui n'était plus horrible, mais tout simplement pitoyable. Le maître jeta une couverture sur l'homme malade et l'y enveloppa de la tête aux pieds.

“Quand le démon le quittera, il doit être complètement dans l’obscurité”, déclara le maître aux deux frères, et il lui rabattit la couverture sur les pieds.

Peu après, les poules commencèrent à caqueter terriblement. Je courus à la fenêtre avec les deux frères. Les parents étaient déjà dans la cour et restèrent comme nous pétrifiés à la vue des poules qui semblaient devenues folles, dansaient de tous les côtés, couraient en rond, battaient des ailes et se donnaient des coups de bec. Une poule monta sur le coq et se dandina sur son dos comme si elle voulait s’accoupler avec lui. Une autre se posa sur son derrière et laissa échapper du sang au lieu de fiente.

Bientôt, toutes les poules gisaient mortes dans la cour.

Nous revînmes vers le malade. Il restait sans mouvement, enveloppé dans sa couverture, et une tache de sang s’élargissait sur le sol à ses pieds. Les frères regardèrent le maître avec anxiété. Il sourit. “N’ayez pas peur. C’est seulement une petite blessure à son orteil, par où le démon est sorti. Dans quelques jours elle sera guérie.”

Le maître s’occupa du jeune homme qui était inondé de sueur et épuisé. On lui banda l’orteil et on le mit au lit.

Le maître reçut une grosse récompense, et le jour même nous partîmes en direction de Damas.

Plus nous approchions de la capitale, plus le maître devenait avare. Il économisait sur tout. “Quelques jours de jeûne purifient nos âmes. J’ai besoin d’argent pour des buts plus nobles que notre bouffe”, déclara-t-il. Je maudissais son âme, mais je ne voyais pas d’issue. Car non seulement famine et sécheresse torturaient le pays, mais une épidémie de choléra emportait les plus faibles. Partout gisaient des morts, mais le maître n'en semblait pas impressionné. Il avait un remède secret contre le choléra, un sel amer et au goût aigre. Il m'en donna aussi et m'ordonna sévèrement de me laver les mains trois fois par jour et de n'approcher personne. "Si tu serres la main d'un seul homme, je te chasse. Alors tu pourras crever tout seul", menaça-t-il. Il en allait de la vie et la mort, aussi évitais-je l'habituelle poignée de main et avalais l'horrible sel qu'il avait mélangé lui-même.

A Qaboun – aujourd'hui un faubourg de Damas, mais en ce temps-là un village – je rencontrai le chanteur aveugle du bordel. Il portait à présent une barbe et mendiait devant la mosquée. J'allai vers lui et le saluai. Il sourit comme s'il reconnaissait ma voix. Lui aussi, il avait faim, car ceux qui l'entendaient chanter ne lui donnaient rien. Les gens avaient d'autres soucis. Ce jour-là, il avait de terribles maux de ventre et tremblait de tout son corps, et effectivement, avant que je quitte Qaboun avec le maître une semaine plus tard, le pauvre chanteur était mort du choléra. Et je fus heureux de ne pas avoir serré le chanteur dans mes bras comme j'en avais vraiment eu envie.

Quand nous atteignîmes Damas, le maître dépensa tout l'argent qu'il avait épargné. Il acheta du cuivre, du soufre, du mercure, une grande quantité de vinaigre, les différents sels et herbes du diable dont j'ai depuis longtemps oublié les noms. Ane et mulet étaient de nouveau lourdement chargés et il n'avait plus une piastre, mais il commanda encore une foule d'ustensiles chez le souffleur de verre. Ce qui se passa ensuite m'ôta la parole. Il alla chez le souffleur de verre et celui-ci manifesta une grande joie, non seulement parce que le maître venait chercher tous ses objets, ce qui devait rapporter à l'homme une masse d'argent, mais aussi parce qu'il aimait et respectait beaucoup le maître. A notre arrivée, il était déjà tard, aussi le souffleur de verre invita-t-il le maître chez lui. Tandis qu'ils dînaient tous les deux et discouraient, je mangeais dans la cuisine avec les deux enfants et l'épouse du souffleur de verre. La femme avait divinement cuisiné. Il était tard quand j'allai me coucher, mais j'entendis encore l'homme rire à gorge déployée. Puis je m'endormis.

Je fus réveillé par des cris terribles, me précipitai en courant hors de ma chambre et me heurtai au souffleur de verre qui sanglotait désespérément. Sa femme était soudain tombée sans connaissance, bégayait-il. Il était déjà bien plus de minuit. Le maître surgit en robe de chambre et se précipita avec son hôte vers la femme évanouie, tandis que je m'occupais des enfants effrayés. Le maître tranquillisa l'époux et m'ordonna d'aller chercher une bouteille brune dans la sacoche de sa selle. En même temps, il me sourit étrangement et je vis le diable sur son visage. Quand je revins avec la bouteille en question, la femme gémissait. L'homme était à genoux devant elle et la suppliait de se réveiller. C'était à fendre le cœur, et je pensai à ma mère. Je fondis en larmes et compris en cette seconde que pleurer les autres, c'est toujours pleurer nos propres disparus.

Le maître nous fit sortir, et il ne fallut pas même une heure pour que la femme apparût, en bonne santé et joyeuse, suivie par le maître qui souriait silencieusement en lui-même. Le souffleur de verre lui baisa la main. Le lendemain matin, il lui donna tous les ustensiles gratuitement. Je ne pouvais plus réprimer mon malaise, mais quand je demandai au maître ce qui n'allait pas chez la femme, il ne fit que rire et ne répondit pas.

Alors commença pour moi un temps de misère. Le maître avait une cache au sud de Damas, une maison en ruine recouverte de plantes sauvages. Deux pièces seulement étaient habitables dans cette masure écroulée.

Dès la première nuit je fus saisi d'horreur. J'aurais dû m'apercevoir de quelque chose, moi, misérable chien, mais je suis parfois plus lent que mon père. A notre arrivée, le maître prétendit préparer lui-même nos repas. Je ne me doutais de rien, trouvais cela seulement étrange, parce que pendant tout le voyage c'est moi qu'il avait chargé de la cuisine. En mangeant, il prononçait des paroles dépourvues de sens au sujet de messages secrets qu'il avait trouvés dans un livre et voulait maintenant déchiffrer. Je ne comprenais quasiment rien, hormis que son maître s'appelait Gaber Ben Hayan et était mort depuis longtemps. Tandis qu'il délirait ainsi, des rats venus du jardin entrèrent dans la maison, parce qu'ils flairaient la nourriture. Le maître se tourna brièvement vers eux et cria : "Pas maintenant, vous voyez bien que je suis occupé !" Les rats, Dieu m'est témoin, restèrent un instant figés sur place, puis se retirèrent dans le jardin à reculons. Et comme si rien ne s'était passé, le démon me demanda où il en était resté dans ses propos. L'épouvante m'empêcha de proférer un son. Bientôt après, il eut des yeux de fou, anormalement élargis, et se mit à parler de la mort. Je me promis de disparaître aussi vite que possible, je ne savais pas qu'il m'avait depuis longtemps enchaîné à lui comme un chien. Cette nuit-là, il marcha longtemps de long en large et lança d'un ton irrité, en des langues étrangères, des mots que je ne comprenais pas. Mes dents claquaient de peur. Mes pieds devenaient lourds comme du plomb et j'eus le vertige. Je me couchai, mais avant que mes yeux se ferment, j'adjurai sainte Takla de m'aider à m'enfuir le lendemain. Mais, une fois encore, les choses se passèrent autrement.

Quand je me réveillai, toute la maison puait les œufs pourris. Le maître dormait encore sur un vieux sofa. J'étais couché sur un sac de paille près de la porte. J'ouvris doucement la porte, alors la lumière m'éblouit si fortement que j'y voyais à peine. J'étais décidé à fuir, mais au bout de trois pas j'étais aveugle. Je trébuchai et tombai à terre. Alors j'entendis son rire au-dessus de moi et je criai au secours. Mais il me ramena doucement dans la maison en me tenant par la main, et quand j'entrai je recouvrai la vue. Voilà pourquoi il était si enragé à préparer le repas lui-même : il m'avait administré en secret un produit diabolique. "N'as-tu pas juré de ne pas me trahir ? La fuite est une trahison ! Tu ne peux plus m'échapper, mon garçon. Tu es mon apprenti, ta vie m'appartient", rit-il en me conduisant dans l'autre pièce. C'était le premier pas dans l'enfer. Je ne sais pas à quoi ressemble le véritable enfer, mais si j'y atterris, les démons s'irriteront à mort de mon indifférence, car aucun lieu ne peut être plus terrible que l'antre de mon maître. Peux-tu t'imaginer cela : l'estomac vide et la gorge pleine de vapeurs corrosives, réduire en poudre, toute la journée, des sels durs comme de la pierre ? "Plus fin ! Plus fin !"

criait continuellement mon maître en reversant de nouveau tout le produit dans le mortier. Quand j'avais fini, je devais alimenter le four où il faisait fondre des métaux. En même temps, il ne cessait pas de me crier : "Tu te rendors ? Il faut que nous ayons terminé sous le signe du Bélier."

Il s'affairait comme un possédé, jusqu'à ce qu'il eût rempli de sa mixture secrète une cornue qu'il souda soigneusement et plaça dans un four plus petit, maintenu chaud avec une flamme minuscule. Je dus, selon une instruction précise du maître, remuer des liquides nauséabonds dans des chaudrons et des alambics, y ajouter des sels, passer et transvaser. Les jours coulèrent. Mon nez saignait, mais le maître ne voulait pas me laisser de repos. Il travaillait comme un taureau et s'inquiétait du petit four comme une poule couveuse de son œuf. Il restait devant lui, le caressait et implorait, les mains levées, l'assistance des puissances ténébreuses.

Combien de temps cela dura, je ne le sais plus. Finalement, il sortit la cornue du four et en rompit la pointe. J'ai bien failli mourir de peur. Une lumière éblouissante jaillit de l'ouverture comme si le maître avait enfermé le soleil dans son vase. Il recula et s'agenouilla jusqu'à ce que la lumière devînt plus faible, ensuite il se leva et ajouta une prise d'un sel jaunâtre. Soudain une fumée s'éleva et nous enveloppa. Mes yeux brûlaient. Je m'enfuis dans l'autre pièce, mais cela ne servit à rien. Je toussai fortement et vomis. Le maudit démon en revanche resta un grand moment à l'intérieur comme si cette fumée d'enfer ne pouvait pas lui faire de mal. Après une éternité, il sortit, abattu, et injuria ma mauvaise étoile. Il ne voulut ni manger ni boire. J'eus le droit d'avaler tout seul l'unique morceau de pain qui nous restait. "Mange, tu pourras en avoir besoin. Je suis un homme mort", dit-il et étrangement j'eus tout à coup presque pitié de lui.

Si je voulais exactement te raconter comment cet homme m'a torturé, nous resterions ici des années. Et même alors, tu ne pourrais pas te le figurer réellement. La torture est toujours un concentré qui se dilue à la narration. Tantôt c'était ma faute si son petit four explosait, tantôt il pestait contre mon visage laid qui lui avait apporté la déveine au lieu d'or. Quand je lui criais qu'il devait alors guérir mes yeux et me laisser partir, il ne faisait qu'en rire. Il ne me permettait même pas d'aller dans l'écurie. Il s'occupait lui-même de son cheval. L'âne et le mulet, nous les avions chassés depuis longtemps, le jour de notre arrivée.

Je cherchais continuellement à sortir de la cabane, mais chaque fois, à peine sur le seuil, mes yeux étaient éblouis. Une fois, je fis une tentative pendant la nuit, mais même là je me perdis et errai aveuglé dans le jardin ensauvagé. Cette fois, il ne rit pas de moi, mais déclara que ce serait bientôt fini et alla me chercher quelque chose à manger. Je ne sais pas s'il avait pitié de mon état lamentable ou s'il avait seulement besoin de mon aide. Je devais travailler chaque jour jusqu'à épuisement.

Un jour, comme il était allé acheter je ne sais quoi, je me ruai sur le livre qu'il tenait toujours à la main. J'espérais y trouver un contrepoison pour mes yeux, même sans savoir lire. Je découvris des images, des cercles et des carrés où l'on voyait la lune et le soleil, des serpents qui se mordaient la queue, je peux aussi me rappeler qu'il y avait un four, mais je n'y ai rien compris. Et soudain, une plume s'envola du livre. Je la ramassai et la remis en place, mais quand le maître revint, il sut que j'avais touché au livre et il me frappa sur la main droite avec son bâton jusqu'à ce que je perde connaissance. J'en ai gardé deux doigts recroquevillés, en souvenir. Il me laissa toute la journée sans nourriture, jusqu'à ce que j'aie le vertige. Au bout d'une éternité, son cœur s'attendrit et il me laissa de nouveau manger. Mais moi, je jurai par sainte Takla que je le lui ferais payer, dussé-je en mourir. Par Dieu, je n'avais pas rencontré jusque-là ce que l'humanité a de plus charitable, mais il était le seul de toute ma vie qui eût voulu me briser de sang-froid. Dès que j'eus fait ce serment, je cessai d'être prisonnier de ses chaînes, car je brûlais de le voir lui aussi à terre. En ce temps-là, le trésor de Maaloula m'était indifférent. J'attendis patiemment une occasion.

Quand le signe des Gémeaux eut apporté au maître tout aussi peu de chance que celui du Bélier ou du Taureau, il maudit le ciel. Bien qu'il eût prétendu que ces trois signes du zodiaque lui étaient favorables, il ne voulut pas renoncer quand ils furent passés et devint de jour en jour plus cruel. Je ne pouvais plus reconnaître les saisons qu'aux signes du zodiaque dont le maître parlait, car hors de la cabane le monde n'était pour moi qu'un unique disque blanc. Quand le temps du Sagittaire fut passé, le maître avait utilisé tous ses métaux, sels, herbes et essences. Il comprit qu'il devait quitter sa cabane. Il me donna un contrepoison pour mes yeux : "Maintenant, tu peux t'en aller si tu veux." Mais que le diable m'emporte si je lui pardonnais cette honte. Je fis semblant de l'avoir oubliée et je restai d'abord avec lui. Nous partîmes ensemble et dans un champ près de Damas, je trouvai un âne. Nous fîmes du porte-à-porte dans les villages et vendîmes de nouveau ses talismans et ses pierres bleues. Les mois dans l'enfer l'avaient vieilli lui aussi de plusieurs années, même ses cheveux autrefois d'un noir bleuté étaient soudain devenus gris. Sa peau n'était plus lisse, mais rugueuse et ridée. Il avait l'air d'un homme brisé. Mais la haine remplissait mon cœur et je ne sentais aucune compassion. J'attendais patiemment. Les jours passaient comme à tire-d'aile. Au bout de peu de temps, il avait repris vie, car son porte-monnaie s'enflait et il rêvait déjà d'essayer une seconde fois de percer les secrets de son maître Gaber Ben Hayan. Il n'était plus avare, mais me laissait manger les mêmes plats que lui et me traitait bien. J'avais déjà mangé à ma faim pendant dix jours, quand au milieu de l'hiver nous atteignîmes un village nommé Arnah, dans les montagnes de Hermon. Là, le maître aperçut la fille du chef du village. Elle s'appelait Basma, était jeune et d'une beauté drue qui allumait la volupté, même sans lui parler. Et d'un seul coup, la distance qu'observait mon maître envers les femmes parut abolie. Il lui lut l'avenir dans la main et elle se réjouit de ce qu'il lui dit. Mais quand il suggéra, d'un grand ton d'assurance, qu'il pourrait imaginer de la prendre pour femme, elle se moqua de lui. “Alors je pourrais aussi bien épouser mon grand-père. Ne viens-tu pas de me prédire que je rencontrerais un homme magnifique qui me donnera du bonheur ? Tu as parlé de bonheur, pas d'ennui”, railla-t-elle, elle lui jeta une piastre et s'en alla en ricanant. Sa démarche ressemblait à celle d'une gazelle. Ses pieds touchaient à peine le sol et ses hanches dansantes faisaient signe aux badauds comme si elles voulaient leur dire adieu. Le maître ne pouvait pas détacher d'elle ses regards, et je sus que mon heure approchait. Ce jour-là, je laissai son noble moreau saillir une jeune pouliche à la source du village. Le propriétaire de la pouliche en fut extrêmement heureux et le raconta aux autres paysans. Quand j'amenais les jours suivants le moreau pour le faire boire, il y avait toujours un autre paysan qui m'attendait et voulait absolument avoir l'animal comme étalon reproducteur. Je pus ainsi demander pour ce service d'abord une piastre et avec le temps de plus en plus d'argent. Les paysans juraient de ne pas me trahir, et le maître ne s'apercevait de rien. Jour après jour, Basma, la beauté du village, passait devant nous en ricanant et le faisait souffrir. Je crois qu'en s'approchant de lui elle dandinait particulièrement du derrière. Au bout d'une semaine, il fit savoir au père de Basma qu'il voulait lui rendre visite pour une affaire importante, et le chef du village l'invita à sa table pour le vendredi suivant. La même nuit, le maître m'ordonna de monter la garde devant ses affaires jusqu'à son retour, et il disparut dans l'obscurité. Il ne revint qu'à l'aube, sourit et s'endormit aussitôt. Et bien que je fusse presque mort de fatigue, je ne pus m'endormir de longtemps.

Le lendemain, tout le village parlait de la soudaine maladie de la belle Basma. Le coiffeur du village était astrologue et guérisseur en même temps. Il fut appelé par les parents de Basma, mais il ne put lui venir en aide. Et le maître souriait aussi diaboliquement que l'autre fois chez le souffleur de verre. Un paysan qui m'aimait bien m'amena chez une sage-femme experte en magie noire. Je lui racontai que le maître avait rendu malade la fille du chef du village, et la priai de donner un contrepoison. Elle maudit le maître qui était venu marcher sur ses brisées. "Depuis qu'il est là, personne ne veut plus m'acheter même un seul talisman." Le vendredi matin, elle se rendit chez le chef du village et administra à la fille de celui-ci le médicament guérisseur. Mais quand elle accusa l'étranger d'avoir empoisonné sa fille, le chef du village rit. Il prit les dures paroles de la sage-femme et magicienne pour une explosion de jalousie envers un concurrent. Il la gratifia de paroles apaisantes, et la renvoya chez elle. Le maître ignora la visite de sa rivale.

A midi, j'amenai de nouveau le moreau à la fontaine et je lui fis saillir trois juments. Il était ensuite si épuisé qu'il trottait derrière moi en chancelant. Le matin de bonne heure, le maître mit un nouveau vêtement pour la fête du jour, s'aspergea d'eau de rose et me fit marcher à côté de son moreau. Il remarqua bientôt la faiblesse de sa noble bête et me demanda d'un ton venimeux si je vendais le foin et laissais le cheval mourir de faim.

"Non, maître, répliquai-je, je mange moi-même le foin et je saute toutes les juments." Il rit.

J'étais tellement excité que de tout le jour je n'avais guère pensé à manger. Je savais dans mon cœur que l'heure de la vengeance était venue.

Le chef du village avait invité au repas tous les hommes importants, en l'honneur de son invité ou peut-être aussi pour divertir ses gens dans cette localité perdue. Quoi qu'il en fût, la maison était pleine. Je fus admis à consommer, dehors avec les serviteurs, les femmes et les enfants, les restes tombés de cette tablée choisie. Mais manger ne m'intéressait guère. Je me collais tout le temps à la fenêtre et j'observais ce qui se passait dans le grand salon où s'entassaient les convives. Comme les hommes fumaient beaucoup, le maître de maison avait laissé la fenêtre entrebâillée, si bien que je pouvais comprendre chaque mot sans effort. C'était l'hiver, et le froid pénétrait jusqu'aux os, mais je ne m'en souciais pas. Mes regards suivaient le maître qui s'agitait sur son siège. Quand l'assemblée eut mangé, le chef fit apporter du café, mais avant que mon maître ait pu en boire une gorgée, le père de Basma lui demanda quelle était l'affaire importante pour laquelle il lui avait rendu visite. Le maître bégaya, embarrassé, et demanda comment allait la jeune fille. Le chef le regarda avec étonnement. "Dieu merci, elle est de nouveau vive comme une gazelle." Le visage du maître s'assombrit et j'eus si chaud au cœur que je ne sentais plus le froid.

"Ou bien les étoiles t'ont-elles révélé que la sage-femme t'a accusé ?" plaisanta l'hôte.

Le maître hésita un instant, et déclara ensuite au chef du village, en termes embarrassés, qu'il voulait lui demander la main de sa fille. Alors le père éclata de rire.

"Comme invité, tu seras toujours le bienvenu dans ma maison. C'est une coutume dont nos ancêtres nous ont fait une obligation. Mais ma fille doit recevoir le meilleur de tous les hommes. C'est une noble pouliche et il lui faut un étalon digne d'elle. Tu es un vieux bouc comme moi, dont la virilité n'est plus qu'un souvenir. A quoi es-tu bon, désormais, sinon à vendre des talismans ?" dit le chef d'une voix retentissante en frappant dans le dos du maître. Sur l'âme de ma mère, rien que pour avoir vu le visage offensé du maître, j'aurais embrassé le monde entier.

“Je peux offrir une foule de choses à ta fille. Elle dormirait à Damas sur des plumes d’autruche et ne dégusterait que les fruits les plus choisis, répliqua le maître avec dignité.

— Ne fanfaronne pas ainsi ! Ma fille épousera un vigoureux paysan. Les paysans plantent et labourent, pour arracher au sol ses fruits. La vie amollissante des villes, ils s’en moquent, hurla le chef du village, puis il imita le maître en riant : Des plumes d’autruche et des fruits choisis !

— Ce que je dis est sérieux. Souhaite voir sur ta table n’importe quels fruits, et je te les apporte ! Lequel de tes paysans peut faire cela au milieu de l’hiver ? demanda la créature diabolique au vieil homme.

— Maintenant, la soirée va devenir encore plus joyeuse, s’exclama l’un des invités, tout secoué de rire. Je voudrais des pêches, si ton art le permet !

— Et moi je veux une pomme.

— Je préférerais du raisin et des figues.

— Ma foi, j’aimerais bien manger des poires !

— J’aurais plutôt envie d’une banane”, criaient les hommes tous en même temps. Le maître se leva et regarda le chef du village. “Et toi, que voudrais-tu comme dessert ? demanda-t-il d’un ton rageur.

— Moi ? je veux aussi une banane.

— Je reviens dans cinq minutes”, dit le maître en se précipitant dans l’écurie. Je me blottis vite derrière une pile de bois pour qu’il ne me découvrît pas. Peu après, on vit vaciller une lumière bleuâtre, ensuite le maître sortit avec une grande coupe pleine d’une montagne de fruits et revint dans la salle. Les hommes en furent pétrifiés. D’avidité et d’étonnement, ils en restaient la bouche ouverte. Il y avait là des fruits frais, figues, bananes, pommes et poires, raisins et pêches.

“Où as-tu trouvé tout cela aussi vite ? demanda le chef, la gorge rauque.

— Dans les sacoches de ma selle. Goûte donc ! s’écria le maître.

— Sont-ils vrais ou le produit de ta magie ? demanda un paysan.

— Comme vous voilà lâches tout à coup ! Ils sont vrais, les fruits de mon jardin. Goûtez-les !” ordonna-t-il aux assistants. Ils se servirent, goûtèrent et s’étonnèrent.

“La banane est délicieuse, mais je ne donnerai quand même ma fille qu’à un paysan. Tu es un citadin et en plus bien trop vieux pour ma petite gazelle !” Après avoir ainsi abattu la dernière carte, le chef tendit la main vers une autre banane.

“Alors je n’ai plus rien à perdre ici !” cria le maître furieux en se précipitant au-dehors. Avant que les gens aient eu le temps de réagir, il sauta sur son moreau et fonça au galop dans la nuit. Et au même instant les fruits se transformèrent dans les mains des hommes en crottin de cheval. Furieux, écœurés, ils crachaient et juraient. Le chef du village appela ses deux fils : “Ramenez-le, ou vous n’êtes plus mes fils !”

Ils allèrent vite chercher leurs chevaux, galopèrent à la poursuite du maître et le rattrapèrent bientôt, car son moreau était toujours épuisé. Ils le traînèrent à la queue des chevaux et l’amenèrent dans la grande cour du chef. Le maître n’implora pas sa grâce, comme je m’y attendais, mais lança des jurons contre les paysans.

“Voilà pour l’offense que tu as faite à notre honneur !” cria le chef du village en lui portant le premier coup, et les autres hommes suivirent son exemple. Aucun d’eux, pas même le préfet de police, n’épargna au malheureux un coup de poignard.

Mais soudain quelqu'un cria : "Son aide ! Où est son aide ? Attrapez-le, ce chien pouilleux, il ne faut pas qu'il s'échappe !" Mon sang se coagula dans mes veines. D'un saut, je bondis dans le jardin et disparus dans l'obscurité. Je courus toute la nuit, et à chaque bruit je me croyais perdu. Pendant quinze jours, j'errai par monts et par vaux et trouvai enfin le chemin de Maaloula.

★

HUITIÈME NUIT

Comment Milad savoura le fruit de sa patience

Quand j'atteignis, sur le chemin de Maaloula, la petite ville de Yabroud où j'avais autrefois travaillé chez le pieux grigou, je rencontrai un vieux mendiant que je connaissais d'autrefois. Il était assis devant une grande mosquée toute neuve.

“Qui a bâti cette superbe mosquée ? demandai-je.

— Ton pieux maître, le grigou”, répondit le mendiant qui avait servi autrefois chez lui pendant quatre mois et en avait été chassé dans la honte et sous les jurons. “Que Dieu brûle son âme. Il a laissé mourir de faim toute la ville et préféré dépenser son argent pour cette mosquée. Tous les pauvres y viennent et supplient Dieu de faire rôtir le vieux grigou en enfer jusqu'à la fin des temps.”

Je n'en croyais pas mes oreilles, mais le mendiant m'expliqua que personne ne s'était montré aussi malin que le cheikh de la mosquée. Il avait trouvé la clé qui commandait l'âme de l'avare. Seul, le cheikh avait su inspirer assez de peur à l'avare pour lui faire léguer tous ses biens à la mosquée, afin d'échapper aux serpents et aux scorpions, à l'huile bouillante et au goudron puant. “Son secret, soupira le mendiant avec envie, résidait dans cette phrase : Je ne veux rien de toi. C'est cela qui fait la différence entre un mendiant et un grand escroc."

Quand le mendiant apprit que je voulais aller à Maaloula, il me le déconseilla. Le village était assiégé depuis un mois. Le bandit qui menait cette fois les assaillants avait juré de raser Maaloula de la surface de la terre, parce qu'il avait perdu son meilleur ami au combat. Une semaine auparavant, il avait volé quatre canons d'un dépôt d'armes voisin et était en train de les mettre en position devant Maaloula. En entendant cela, je me mis à pleurer.

"Dieu brûle leurs âmes pour la destruction de ce village !" s'exclama le mendiant plein de pitié, sur quoi je répliquai à cet homme au bon cœur que je ne voulais pas m'immiscer dans les affaires de Dieu. Au ciel, Il pouvait traiter les bandits à son gré. Mais sur terre, il n'était pas question que Maaloula fût détruite.

Je restai donc un moment encore accroupi devant la mosquée avec le mendiant, en face de nous il y avait le poste central de la gendarmerie. Quatre hommes jouaient aux cartes sur la terrasse, comme s'ils ne savaient pas qu'à quelques kilomètres d'eux un village devait être rayé de la carte. Le sang bouillait dans mes veines. Finalement, je me faufilai dans l'écurie sous la terrasse, sellai le meilleur cheval et partis au galop comme une flèche, laissant derrière moi les jurons et les coups de feu des policiers. A quelque distance de mon village, je rencontrai un homme qui fuyait. Je devinai que c'était l'un des bandits. Il me prit visiblement pour un membre séparé du gros de la troupe, car de loin il cria vers moi : "Fais demi-tour, Maaloula est imprenable !" Je l'arrêtai et lui demandai ce qui était arrivé. Alors il me raconta que les Maalouliens s'étaient glissés pendant la nuit jusqu'au grand entrepôt de vivres et munitions de leurs assaillants. Ils avaient traversé les lignes ennemies comme par magie. Certes, les gardes les avaient vus, mais quand ils voulurent les attraper, les hommes de Maaloula s'évanouirent soudain dans les airs. Et ensuite les Maalouliens avaient fait exploser le centre vital de l'armée, munitions et poudre. Mille détonations, fortes et plus petites, avaient ébranlé le camp et les assiégeants pris de panique s'étaient enfuis en perdant la tête. Là-dessus, des cavaliers vêtus de noir comme des esprits nocturnes s'étaient rués sur la troupe en déroute et avaient tué tous ceux qui leur tombaient entre les mains.

Je criai au bandit : "Tu as soulagé mon cœur, maintenant j'y vais tout droit !" L'homme cria que j'étais fou, cingla son cheval et s'enfuit au galop.

Mais, moi, j'atteignis peu après Maaloula. Pendant trois jours et trois nuits, je fis la fête avec les autres. Il n'y avait presque rien à manger, mais nous dansions de joie.

Pendant des années, quelques impacts de boulets restèrent encore visibles. Quel bonheur que Maaloula ait eu l'idée courageuse de surprendre l'ennemi dans son camp et d'y semer le chaos.

En allant rejoindre ma fée dans la grotte, j'avais l'intention de la prendre tout de suite dans mes bras et de danser avec elle, mais elle ne parut pas. Les fées sont étranges et entêtées. Tu ne dois rien exiger d'elles, seulement espérer que ton souhait coïncide par hasard avec le leur. Elle ne vint à moi que le quatrième jour et me blâma : j'avais eu, dit-elle, le trésor devant mon nez et ma haine envers mon maître m'avait rendu aveugle. Je lui criai d'en finir avec ses sermons. Si elle avait été torturée comme moi par cet homme sans cœur, elle l'aurait vraisemblablement tué. Je connais beaucoup d'histoires sur les fées et je sais combien elles peuvent être impitoyables quand elles haïssent quelqu'un. Non, je ne crois pas que quelqu'un puisse aimer s'il n'est pas capable aussi de haïr. Je le lui ai dit et je me suis tu. Je pense que je lui ai beaucoup plu cette nuit-là, car peu après elle a souri, embarrassée. "Je trouve magnifique la manière dont tu as volé le cheval à Yabroud pour me protéger des bandits et des incendiaires", dit-elle d'un ton flatteur avant de m'embrasser sur le front.

En principe, je n'avais rien contre les exagérations. Crois-tu réellement que Moïse, Jésus et Mahomet seraient devenus des prophètes s'ils n'avaient pas exagéré ? Mais cette nuit-là je ne voulais tout simplement pas mentir. "A franchement parler, je ne suis venu que pour sauver Maaloula, dis-je.

— Je le sais bien, mon Milad", répondit la fée en me caressant le visage.

Maaloula a survécu à l'attaque, mais nombre des siens durent de nouveau la quitter pour travailler à l'étranger. Sais-tu à quel point c'est amer, de défendre un village avec le courage d'une panthère, pour ensuite tomber à genoux devant la faim invisible et silencieuse et devoir s'en aller comme un âne affamé ? J'ai rarement vu des visages aussi désolés que ce jour-là, quand je dis adieu au village avec une bande de jeunes hommes et femmes. Les temps étaient si durs que des femmes durent aussi quitter le village pour aller gagner leur pain en se louant comme servantes dans la capitale. Ta tante Mariam en était ce jour-là. C'est alors que nous avons fait connaissance.

Aussitôt après mon arrivée à Damas, j'ai rencontré une femme de Maaloula appelée Naime, que j'avais aimée quand j'étais enfant, à l'âge de cinq ans environ. Elle me reconnut aussitôt, mais moi non. Elle avait complètement changé et s'habillait à l'européenne. Elle voulut savoir ce que je faisais à Damas. "Travail", répondis-je laconiquement et sans rien espérer. Elle travaillait depuis un an comme servante dans la famille d'un officier français et m'emmena dans sa petite chambre, dans la cour de la grande maison. Là, elle me donna du pain et un morceau de fromage, disparut un moment et revint avec le message réjouissant que je pouvais passer la nuit chez elle. Elle avait dit à la maîtresse de maison que j'étais son cousin. La dame lui permit aussi de me donner à manger. Et elle avait encore une bonne nouvelle pour moi : elle connaissait un fleuriste qui, pensait-elle, me donnerait sûrement du travail.

Ensuite Naime me raconta le dur destin qui l'avait frappée. Elle avait dix-sept ans quand elle fit la connaissance d'un jeune Damascène et tomba amoureuse de lui pour l'éternité. Il était fort comme un taureau et travaillait dans la carrière de pierre. Une canaille du milieu de la boxe, florissant alors à Damas, découvrit l'homme et, au bout de six mois à peine, Abed – ainsi se nommait l'homme aimé par Naime – avait allongé au tapis tous ses concurrents en quelques minutes. Naime était tiraillée entre sa peur et l'adoration que lui inspirait cette force divine. L'admiration l'emporta, et bientôt ils fixèrent la date des noces et se fiancèrent officiellement, avec la bénédiction des parents. Naime était tout à fait sûre qu'elle vivrait bientôt avec Abed. Dans l'ivresse de la joie, après une victoire qu'il avait remportée contre un adversaire vigoureux, elle se donna à lui, et dès lors ils dormirent toujours tous les deux ensemble, pleins de confiance en l'avenir. Une semaine avant les noces, Abed sous-estima un adversaire et celui-ci lui envoya un terrible crochet du droit. Abed perdit connaissance et, quand il revint à lui, il était devenu fou. Il ne reconnaissait plus personne, courait nu de tous les côtés et, à cause de ses poings de fer, on dut l'interner dans un asile.

Les fiançailles furent rompues, mais Naime était déflorée, ce qui à l'époque était pour tout Arabe une honte. Aussi espérait-elle faire la connaissance d'un Français et attendait. Quelle destinée ! Et malgré cela, elle savait toujours rire et possédait la force d'aider les autres.

Nous avons parlé longtemps et nous sommes bien amusés, car peu à peu nos vieilles querelles d'enfants nous revinrent à l'esprit. A un moment, Naime tira d'une caisse de bois sous son lit une bouteille de vin rouge, et nous bûmes en disant des idioties. Naime changea de place, se mit à côté de moi par terre et comme moi, s'adossa au mur. Elle s'arrêta un moment et me regarda. “C'est exactement ainsi que nous étions assis dans l'escalier autrefois, dit-elle.

— Oui, et j'allais juste te dire que je t'aimais quand cet idiot de chien a aboyé.

— Ah, c'est pour cela, rit-elle, que je ne peux plus souffrir les chiens !” Elle baissa soudain les yeux timidement sur son verre de vin, but une gorgée et évita mon regard.

Je me tus, embarrassé.

Après le deuxième verre, elle me fixa de nouveau en plein visage. Son regard devenait de plus en plus sensuel, et finalement je lui dis qu'en cette minute et avec tant de vin dans le sang, je ne pouvais pas être un chaste cousin. Elle eut un rire clair et passa la main sur ma jambe. "Et quand j'étais petite fille, j'avais déjà envie de toi", dit-elle. J'étais justement en train de caresser ses joues quand le maître de maison entra. Il gronda Naime et m'ordonna de passer la nuit dans un réduit sous l'escalier. Il faisait cela, dit-il, pour ne pas enfreindre les coutumes du pays.

Je voulais dormir, mais le désir de Naime brûlait en moi. Au bout d'une heure, j'entendis le maître de maison battre sa femme. Je sortis pour lui parler et le calmer, mais je trouvai Naime devant ma porte. Elle me chuchota de venir avec elle. Quand nous fûmes de nouveau dans sa chambre, elle me raconta que l'officier français se livrait chaque nuit à ce genre de séance avec sa femme. Il commençait par la battre, puis c'était elle qui le battait, ensuite ils chantaient tous les deux, pleuraient, riaient et dansaient, et enfin ils s'aimaient sur le sol. J'étais nu dans le lit de Naime, mais je me sentais comme engourdi. Les cris au-dessus de nous ramenaient mes pensées vers ma mère. C'est seulement quand les époux en arrivèrent aux caresses que je me dénouai, et il ne fallut pas cinq minutes pour qu'enfin le plaisir nous emportât, Naime et moi, dans son doux enchantement. Je plus beaucoup à Naime cette nuit-là, et moi aussi j'étais enthousiasmé par son art amoureux, mais malgré cela mes pensées erraient sans cesse du côté de Nariman, car le chuchotement de Naime et son parfum renforçaient encore dans l'obscurité le douloureux souvenir.

Le lendemain, Naime m'emmena chez le fleuriste et me recommanda en termes dithyrambiques. L'homme était déjà ivre aux premières heures du jour, il lui tendit en titubant un bouquet de magnifiques roses rouges, puis se tourna vers moi, sourit et dit : "Pourquoi pas ? Peut-être me portera-t-il bonheur !

— A coup sûr, car Milad est un veinard", dit Naime toute contente. Le fleuriste s'appelait Nouri. Dès le premier jour, il voulut connaître ma vie et je lui racontai ceci et cela. Il écoutait et buvait son arak, une grande bouteille lui dura jusqu'au soir. Je dus ensuite le porter chez lui, ce qui n'était pas difficile car il était plus petit que moi et réduit à un tas d'os misérables. Toutefois, le logement de cet homme, dont la boutique était belle comme un rêve, se révéla à mon étonnement un endroit pire qu'une décharge d'ordures. Je déposai Nouri sur son lit sale et je ramassai les bouteilles. Il ne voulait pas que je les emporte, mais il s'endormit bientôt. Je cherchai un morceau de pain, mais je ne trouvai que de la nourriture gâtée dans des assiettes sales. Je rangeai la moitié de la nuit, et ensuite j'étais si épuisé que je pus m'endormir malgré ma faim, mais dès l'aube Nouri me réveilla de nouveau. Nous devions aller dans une jardinerie à l'extérieur de Damas, où pendant des heures il mendia quelques fleurs auprès du jardinier, jusqu'à ce que celui-ci les lui donnât. Nouri, le pauvre diable, était enfoncé dans les dettes jusqu'au cou, mais c'était un malin, et il promettait toujours au jardinier de lui payer ses fleurs dès que possible. Réjoui par son succès, il m'invita ensuite à prendre un petit déjeuner. Je ne sais pas d'où il le tirait, mais soudain il eut de l'argent, non seulement pour le restaurant, mais aussi pour un litre d'arak. Il n'était lucide que pendant les premières heures du jour. Après le petit déjeuner, il commençait à boire et ne s'arrêtait que lorsqu'il n'était plus capable de tenir la bouteille.

Naime venait chercher comme chaque matin des roses rouges pour ses patrons. Il y a longtemps de cela, mais quand je vois des roses rouges aujourd'hui, je pense encore à Naime. Ce jour-là, elle semblait très triste et me dit que sa famille française devait à l'improviste s'en aller dans le Nord, l'officier y était transféré à cause des troubles qui s'y produisaient. Naime avait eu le coup de foudre pour moi et ne voulait pas me quitter, mais comment aurais-je pu la nourrir ? Elle était jeune et belle, mais la faim est plus forte que l'amour. En outre, mon cœur tenait encore à Nariman.Nous ne pûmes même pas nous faire vraiment nos adieux, car Naime devait vite rentrer chez ses patrons, mais elle voulait repasser encore une fois l'après-midi et espérait que l'officier ne resterait pas longtemps dans le Nord et qu'elle me reviendrait bientôt. Comme je l'appris plus tard, elle épousa effectivement un sous-officier de l'armée française et s'en alla avec lui en France. Dieu la protège, où qu'elle soit, car sans elle je n'aurais pas obtenu mon trésor.

Nouri parlait tous les matins à ses fleurs et les priait de prendre patience. Elles en avaient réellement besoin, car il ne venait guère de clients. Parfois, nous ne faisions de tout le jour que jeter des fleurs fanées et attendre. Nouri m'expliquait qu'il suffisait de regarder les fleurs pour savoir comment marchaient les affaires des Damascènes. Quand tout allait bien, les amoureux, les fiancés et même les gens mariés achetaient des fleurs, mais quand les temps empiraient, c'étaient d'abord les gens mariés qui n'en voulaient plus. Si les choses s'aggravaient encore, les couples se fiançaient sans fleurs, et quand les Damascènes étaient vraiment dans la mouise, même les amoureux renonçaient aux bouquets. Alors, on ne fleurissait plus que les morts, qui ne s'en apercevaient pas. Autrefois, Nouri avait aimé son travail, à présent il le haïssait. "Qu'est-ce que c'est que ce métier, soupira-t-il un jour, je souhaite tous les jours que quelqu'un meure pour me permettre de survivre." Sa seule clientèle habituée avait été la famille française de Naime, sinon les passants ne jetaient même pas un regard sur la boutique de Nouri. Ils se détournaient comme si le fleuriste était l'ange de la mort en personne. Tellement tout allait mal pour la population.

On ne pouvait plus sauver Nouri. Il n'était plus dégrisé qu'un moment le matin ; tout ce qui venait ensuite disparaissait dans le brouillard de son monde perdu. Parfois, il prononçait un mot comme un enfant de cinq ans, et le mélangeait à un autre mot qu'il avait dit ou entendu quand il en avait dix, et ces deux mots reliés ne donnaient aucun sens.

Par moments, je voudrais embrasser ma propre langue, car je suis fier d'elle. Petite comme elle est, elle possède toujours le courage d'attirer à la lumière les mots qu'elle arrache à la terrible obscurité de mes circonvolutions cérébrales. Avec tout ce qui est engrangé dans ma tête, n'importe quelle autre langue aurait depuis longtemps refusé le service ou, comme chez Nouri, tout mélangé.

Nouri buvait sans arrêt, et l'eau-de-vie trop forte et de mauvaise qualité abrégeait sa vie. En vain, je le suppliais de cesser de boire. Je cachais les bouteilles et quand un jour il n'en trouva plus, il but un demi-litre de lotion après-rasage à teneur élevée en alcool.

Quelle histoire se cachait derrière cela, quel destin l'avait fait tomber si bas, je n'ai jamais pu le savoir malgré mes questions quotidiennes. Quelque chose était arrivé à sa femme, et peu après, un fils de Nouri était mort par la faute du père, semblait-il. Mais Nouri ne livrait de sa vie que des bribes confuses et décousues.

Un jour, nous étions tous les deux devant la boutique quand un cortège funèbre passa devant nous. Le mort devait avoir été un homme riche, car on portait devant le cercueil des centaines de couronnes. La moitié d'entre elles étaient faites de lis et de roses bien serrés. Alors me vint l'idée salvatrice. Nouri me maudit et déclara que ce n'était pas convenable, mais je me fichais bien de la décence, alors que je tenais à ma vie. La nuit, je me glissai jusqu'au cimetière et traînai trois des plus belles couronnes dans la boutique de Nouri. Personne ne s'en aperçut, le mort moins que quiconque. Le lendemain, une vieille femme vint commander une couronne pour sa nièce. Elle habitait dans une pauvre cabane à une porte de la ville.

Quand je lui apportai la couronne de lis, la femme faillit suivre sa nièce tant elle eut peur. Je la rassurai et lui dis que ce luxe ne coûtait pas un sou de plus que ce qu'elle avait payé. Elle pleura de joie et pria Dieu d'accorder Sa grâce à l'âme du fleuriste. Nouri tremblait de peur quand je revins. Il voulait savoir si la femme avait remarqué quelque chose.

"Oui, plaisantai-je, elle voulait porter plainte contre toi, parce que tu lui as envoyé ces lis magnifiques pour les quelques piastres qu'elle t'avait données." Cela le fit rire. Dès lors, j'allai chaque nuit au cimetière et je rapportais l'une des nombreuses couronnes qui s'y trouvaient, et bientôt nous pûmes de nouveau payer au jardinier les quelques fleurs dont nous avions besoin pour les vivants.

Car, parmi les pauvres, le bruit se répandit rapidement que l'on pouvait avoir chez Nouri, pour peu d'argent, les plus formidables couronnes, et ainsi en vendîmes-nous souvent une ou deux par jour. Nouri dépensait généreusement ce qu'il gagnait, si bien que je n'étais plus forcé de souffrir la faim et que je pouvais, pour la première fois depuis longtemps, m'endormir rassasié. Cela continua les semaines suivantes, jusqu'à ce qu'un jour Nouri bût tellement qu'en revenant du cimetière je le retrouvai mort. J'avertis le curé, et le lendemain matin je portai l'unique couronne devant son pauvre cercueil. Suivaient juste quelques voisins et parents éloignés. Le jour suivant, je vendis encore les dernières couronnes que j'avais empruntées au cimetière avant la mort de Nouri. Je rapportai au marchand de vin deux cents bouteilles vides. Avec cet argent, je fus enfin rassasié le vingt et unième jour et j'achetai encore des provisions pour cinq autres jours. Avec le reste des piastres, j'allai une dernière fois chez le jardinier, fis l'emplette de vingt et une roses rouges, les posai sur la modeste tombe de Nouri et partis pour Maaloula.

A peine avais-je fait le premier pas dans la grotte qu'un tourbillon de vent s'abattit sur moi. Je tombai à terre. "Tu y es arrivé ! Le trésor t'appartient !" fit la voix joyeuse de la fée. Egaré, je regardai autour de moi et je la vis. Sa robe étincelait comme mille petites étoiles. Elle me tendit sa douce main et m'aida à me relever.

“La joie m’a rendue folle, c’est pourquoi je t’ai ainsi embrassé en tempête, s’excusa-t-elle.

— Tu as failli me rompre le cou. Il n’est pas étonnant qu’il n’existe pas d’hommes fées”, plaisantai-je en l’embrassant sur les lèvres. Elles étaient fraîches comme la rosée et avaient le goût de miel. Elle posa sa main droite sur ma tête et sa main gauche sur ma poitrine.

“A partir d’aujourd’hui tu possèdes le trésor entre tous les trésors. A partir d’aujourd’hui tu auras le pouvoir de donner de la joie à tous les enfants. Les enfants t’aimeront et tu seras le plus riche de tous les hommes en ton cœur.”

En ce temps-là, j’étais un imbécile. Je regardai la fée, ébahi. “Tu plaisantes !” lui criai-je en écartant violemment de moi sa main gauche toujours posée sur ma poitrine.

“Quoi ?... Moi, plaisanter ? balbutia-t-elle.

— Dis-moi que ce n’est pas vrai ! Dis-le, criai-en en hurlant comme un fou. Tu m’as trompé ! Pendant des années j’ai tout supporté avec la patience de Job pour mériter le trésor, et maintenant ? Faire rire des enfants ? C’est à la portée de n’importe qui. Et qu’est-ce que cela peut faire, que des enfants rient ?

— Milad, mon bien-aimé, tu te trompes. Ton trésor, tu en es le seul possesseur dans toute l’Arabie. Personne ne pourra réjouir les enfants comme toi, et tu verras que ton cœur sera de plus en plus riche.”

Mais moi, j’étais amèrement déçu et je la repoussai avec rage. “Laisse-moi en paix”, grommelai-je. Et la fée s’évanouit aussitôt dans l’air.

Le lendemain matin, je grimpai hors de la grotte et traversai le village, perdu dans mes pensées. Au bout de quelques heures, je sentis une telle chaleur dans ma tête que je pensais qu'elle allait prendre feu. Je courus vers la source dans la partie ouest du village et plongeai mon crâne dans l'eau fraîche qui jaillissait du rocher. Quand je me redressai, une femme venue chercher de l'eau me souriait d'un air embarrassé. Auprès d'elle se tenait son enfant, une fillette d'environ six ans. Elle me regardait en plein visage et riait si clairement, que quelque chose me chatouilla au cœur. Je n'oublierai jamais cette petite fille. C'était le premier enfant que j'avais fait rire. Aussi ai-je gardé son nom en mémoire jusqu'à aujourd'hui : Ibtisam. La petite fille vint vers moi et me pria : "Encore une fois, c'est drôle !" J'obéis, plongeai ma tête dans l'eau, me redressai et secouai mes cheveux dégoulinants. Ibtisam poussait des cris d'enthousiasme. Sa mère me regardait avec de grands yeux. "Que la Vierge Marie te bénisse, dit-elle. Ibtisam était malade depuis des semaines. Elle avait de la fièvre et pleurait toutes les nuits. Aujourd'hui, c'est la première fois que j'ai osé l'emmener."

Quand la mère voulut s'en aller, la fillette s'accrocha à moi avec ses petites mains. "Laisse l'enfant ici encore une heure. Tu viendras la chercher ensuite", proposai-je à la mère. Et Ibtisam fit la petite folle avec moi. J'oubliai le monde, chantai et dansai avec elle. Nous aspergions avec de l'eau les paysans qui passaient par là.

"Etes-vous fous ? dit l'un d'eux, en colère.

— Oui !" hurlâmes-nous, en riant de si bon cœur que d'autres enfants qui nous avaient déjà observés depuis un moment se joignirent à nous. Les parents eurent de la peine à faire rentrer les enfants à midi. Quand la mère de la petite fille retrouva sa fille aussi heureuse, elle me pria de venir manger chez elle. Il n'y avait qu'un pauvre repas, mais je le trouvai bon comme rarement auparavant. Nous mangions, et la mère pleurait de rire en nous regardant, Ibtisam et moi, car nous jouions à un jeu merveilleux : celui qui pouvait dire la bouche pleine "je t'aime" sans laisser échapper un grain de riz recevait en récompense trois baisers. C'est difficile, et à ce jeu celui qui perd gagne. Je ne revins dans ma grotte, épuisé, qu'à la fin de l'après-midi.

Dans mon cœur, il y avait une joie comme je n'en avais encore jamais ressenti. J'appelai ma fée pour la remercier de ce bonheur, mais elle ne se montra pas. Les fées sont plus sensibles que le mimosa.

Le lendemain, en me levant, j'avais déjà la nostalgie des enfants et de leur rire. Quand j'atteignis la source, la fillette m'attendait là, une branche de basilic à la main. "C'est ma mère qui te la donne", dit-elle, et nous nous sommes regardés, rayonnants. En un rien de temps, tous les enfants de Maaloula se rassemblèrent autour de moi et il nous fallut chercher un autre terrain de jeu, car notre grande troupe barrait le chemin de la source. Cette fois, j'ai donné plus de joie encore aux enfants, mais bien moins que je n'en ai reçu d'eux. Des jours entiers, j'ai appelé ardemment ma fée, jusqu'à ce qu'enfin elle apparût une nuit. Je voulus la serrer dans mes bras, mais mes mains la traversèrent comme si elle était un mirage. Elle resurgissait toujours, mais elle demeurait aussi insaisissable que l'air.

"Je t'en prie, écoute-moi, la suppliai-je, j'ai compris entre-temps quel trésor je possède, et je ne le rendrais pas pour tout l'or du monde."

Alors je sentis sa main sur mes lèvres et bientôt elle fut fermement entre mes bras. Je l'embrassai et inondai son visage de mes larmes de joie, et nous nous aimâmes jusqu'à l'aurore. C'était son premier jeu d'amour avec un être humain, car à vrai dire les fées ne doivent pas trop se rapprocher de nous. Notre réputation dans le royaume des fées est aussi mauvaise que la réputation du diable sur la terre. Nous passons pour séducteurs à un point dangereux et extraordinaire, mais on nous sait avant tout infidèles.

Ma fée, tombée amoureuse de moi pour l'éternité, enfreignait ainsi les règles sacrées. Jusqu'à aujourd'hui elle ne l'a pas regretté. Quelques minutes après le jeu d'amour, je remarquai pour la première fois que je dégageais un parfum de jasmin quand je transpirais. Ma nostalgie de Nariman – cette mélancolie qui m'affligeait toujours depuis notre triste séparation – avait disparu d'un seul coup.

"Les enfants du monde t'attendent." Ces mots de ma fée me surprirent : le lendemain matin, je pensais justement descendre de ma grotte vers le village pour m'y chercher une maison.

"Mais Maaloula…

— Maaloula est trop petite pour toi, m'interrompit-elle. Les enfants du monde entier doivent grossir le trésor que tu portes dans ton cœur. Je te l'ai promis. Nous te garderons quand même, moi et Maaloula, car tu reviendras toujours, poursuivit-elle.

— Mais j'ai peur de l'étranger. Bien des Maalouliens s'y sont déjà engloutis, objectai-je.

— Ne crains rien, mon Milad. Maaloula vit dans ton cœur. Ni les mers ni les villes ne t'engloutiront. Et si un jour tu te perds, je t'enverrai un Maaloulien qui prendra soin de toi jusqu'à ce que tu puisses me revenir.

— Et pourquoi ne viens-tu pas avec moi ? demandai-je tristement.

— Je t'aime comme je n'ai encore aimé aucun être vivant, et j'ai pour cela enfreint notre loi suprême. En punition, je suis liée à ce rocher. Si je m'éloigne d'ici, je mourrai." Une larme lui échappa malgré elle. Puis, pleurant ouvertement, elle poursuivit : "Mais je sais que si tu fais rire des enfants, le son clair de leurs cris m'atteindra ici et adoucira ma solitude. Va, mon Milad, va et sois sûr que je ne te laisserai jamais en peine."

Le lendemain, je m'en allai. Partout, désormais, je fis rire les enfants. Ils m'appelaient à grands cris, au cirque, dans la rue, dans les granges et dans les tentes des Bédouins. Je voyageais tout autour du monde, et dans toutes les contrées l'amour des enfants venait à moi, car le rire est une langue qui n'a pas besoin de traducteur. Parfois, je tombais aussi dans la détresse, mais que ce fût en Inde, au Canada, en Suède ou en Ethiopie, au dernier instant surgissait toujours un Maaloulien qui me prenait chez lui, m'hébergeait et me protégeait jusqu'à ce que je retrouve mes forces. Ensuite, je ne songeais plus qu'à retrouver ma fée, car la nostalgie ne me laissait pas de repos. Je revenais toujours dans la grotte et j'aimais ma fée comme un fou. Et elle me rajeunissait de plusieurs années à chaque nuit d'amour. Comme tu le vois, j'ai déjà soixante-dix ans maintenant, mais je te jure que quand je sortirai à nouveau de ma grotte pour repartir en voyage, je serai beaucoup plus jeune. La fée me laisse toutefois vieillir d'autant plus vite que je reste plus longtemps loin d'elle.

Aujourd'hui, j'ai pour la dixième fois
soixante-dix ans et dans peu de
temps j'aurai de nouveau pour la
nième fois trente ans. Elle ne
veut pas que je sois plus
jeune. Les fées ont leurs
caprices, mais c'est une
autre histoire, que
je te raconterai
peut-être
un autre
jour.

★

TABLE

DANS LA MÊME SÉRIE

1989
Henri-Frédéric Blanc, *L'Empire du sommeil* (rééd. 1993).
Per Christian Jersild, *Mon âme dans un bocal.*
Martin Millar, *Le Lait, les amphètes et Alby la Famine.*
Rolf Schneider, *Le Voyage à Iaroslaw.*

1990
Roy Lewis, *Pourquoi j'ai mangé mon père.*
Dagmar Chidolue, *Lady Punk.*
Tim Parks, *Comment peut-on aimer Roger !*
Henri-Frédéric Blanc, *Combat de fauves au crépuscule* (rééd. 1993).

1991
Sergueï Bodrov, *Liberté = Paradis.*
Henri-Frédéric Blanc, *Jeu de massacre.*

1992
Stefano Benni, *Le Bar sous la mer.*
György Dalos, *La Circoncision.*
Glenn Savan, *White Palace.*

1993
Nicole Müller, *Ce qui est affreux dans l'amour.*
Henri-Frédéric Blanc, *Démonomanie.*

1994
Elie-Georges Berreby, *L'Enfant pied-noir.*

1995
Glenn Savan, *L'Anatomie de Goldman.*
Elie-Georges Berreby, *La Honte à la figure.*
Henri-Frédéric Blanc, *Nuit gravement au salut.*
Tim Parks, *Cara Massimina.*

1996
Stefano Benni, *La Dernière Larme.*
Domenico Starnone, *Rage de dents.*
Henri-Frédéric Blanc, *Extrême-Fiction.*

1997
Rob Long, *Conversations avec mon agent.*
Stefano Benni, *Hélianthe.*

OUVRAGE RÉALISÉ
PAR L'ATELIER GRAPHIQUE ACTES SUD
REPRODUIT ET ACHEVÉ D'IMPRIMER
EN AOÛT 1998
PAR L'IMPRIMERIE FLOCH
A MAYENNE
SUR PAPIER DES
PAPETERIES DE JEAND'HEURS
POUR LE COMPTE DES ÉDITIONS
ACTES SUD
LE MÉJAN
PLACE NINA-BERBEROVA
13200 ARLES

DÉPÔT LÉGAL
1re ÉDITION : SEPTEMBRE 1998
N° impr. : 44145